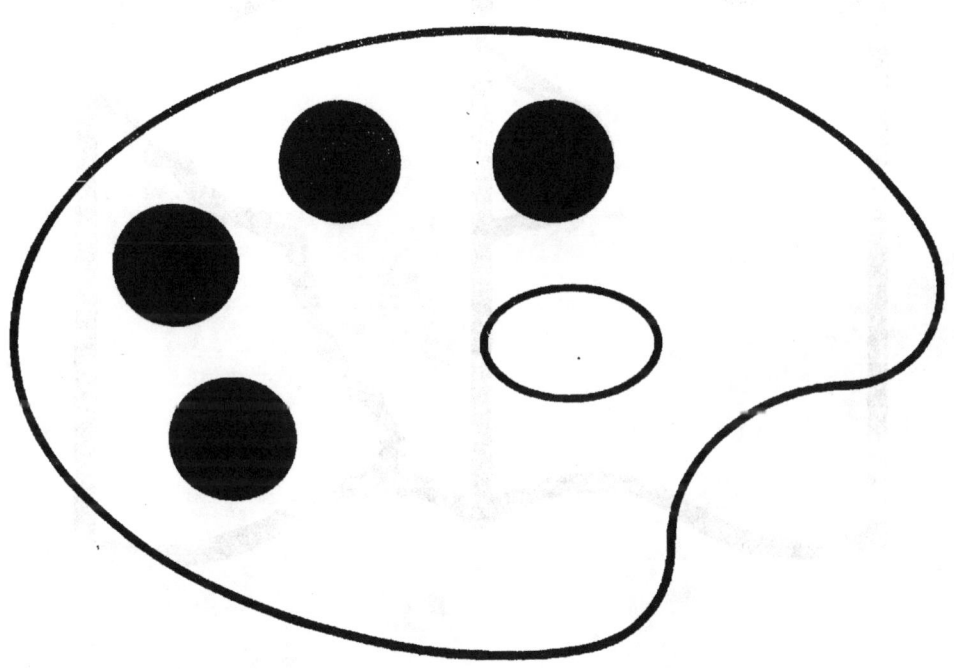

Original en couleur
NF Z 43-120-8

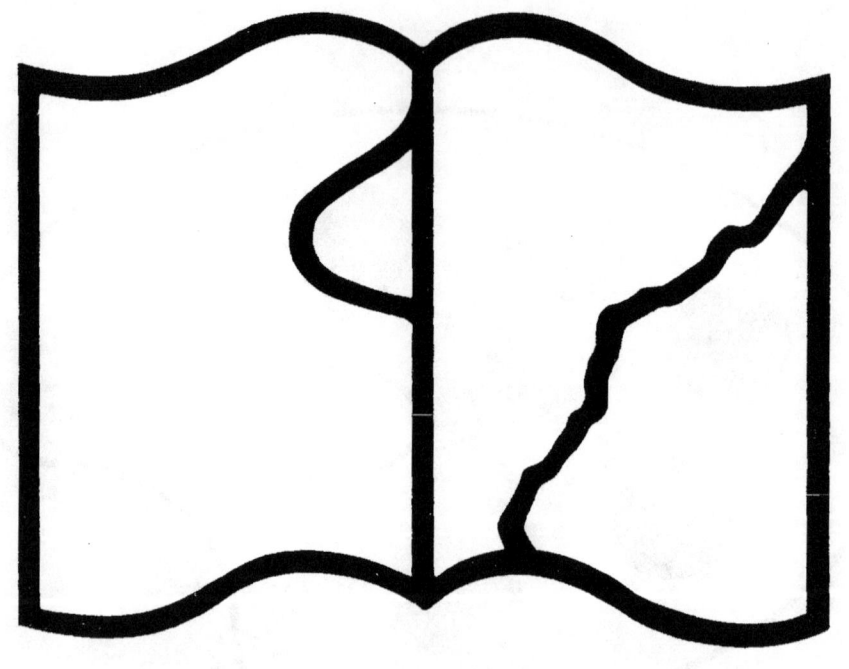

Texte détérioré — reliure défectueuse
NF Z 43-120-11

IMPEGA PP

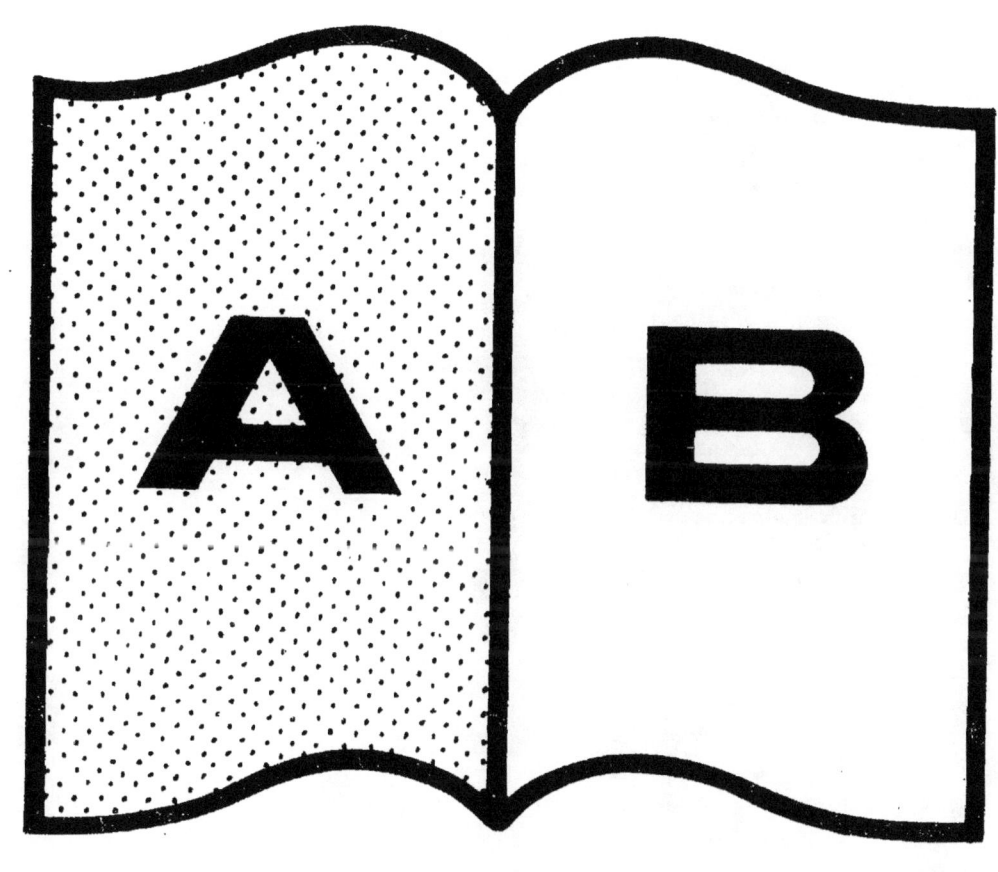

Contraste insuffisant

NF Z 43-120-14

Jean-Jacques OLIVIER

Les Comédiens

Français

Dans les Cours d'Allemagne au XVIIIᵉ siècle

TROISIÈME SÉRIE :

Les Cours du Prince Henry de Prusse,
du Margrave Frédéric de Bayreuth
et du Margrave Charles-Alexandre d'Ansbach.

LES
Comédiens Français

DANS

LES COURS D'ALLEMAGNE AU XVIIIᵉ SIÈCLE

3ᵉ Série

LES COURS DU PRINCE HENRY DE PRUSSE, DU MARGRAVE FRÉDÉRIC DE BAYREUTH
ET DU MARGRAVE CHARLES-ALEXANDRE D'ANSBACH

Du même Auteur :

Voltaire et les Comédiens interprètes de son Théâtre.
Étude sur l'art théâtral et les Comédiens au xviiie siècle, d'après les journaux, les correspondances, les mémoires, les gravures de l'époque et des documents inédits. Paris, Société française d'Imprimerie et de Librairie, 1900. Un vol. in-8°.

Les Comédiens français dans les Cours d'Allemagne au XVIIIe siècle. — *1re série* : La Cour électorale palatine (16..-1778). Préface de M. Émile Faguet, de l'Académie française. Paris, Société française d'Imprimerie et de Librairie, 1901. Un vol. in-4° écu.

Les Comédiens français dans les cours d'Allemagne au XVIIIe siècle. — *2e série* : La Cour royale de Prusse. (16..-1786). Paris, Société française d'Imprimerie et de Librairie, 1902. Un vol. in-4° écu.

En préparation :

Les Comédiens français dans les Cours d'Allemagne au XVIIIe siècle — *4e série :* La Cour électorale de Bavière ; La Cour ducale de Würtemberg ; La Cour électorale de Saxe.

Jean-Jacques OLIVIER

LES

Comédiens Français

DANS

LES COURS D'ALLEMAGNE AU XVIIIe SIÈCLE

3e Série

Les Cours du Prince Henry de Prusse, du Margrave Frédéric de Bayreuth
Et du Margrave Charles-Alexandre d'Ansbach.

*Illustré de quatorze eaux-fortes, gravées par E. Pennequin
d'après les Documents de l'Époque.*

PARIS

SOCIÉTÉ FRANÇAISE D'IMPRIMERIE ET DE LIBRAIRIE
15, RUE DE CLUNY, 15

MCMIII

Cet ouvrage a été tiré à 250 exemplaires numérotés.

Exemplaires sur japon impérial. . . . .   nᵒˢ **1** à **10**.
Exemplaires sur grand vélin d'Arches . . . .   nᵒˢ **11** à **50**.
Exemplaires sur papier à la forme. . . . . .   nᵒˢ **51** à **250**.

Nº

TOUS DROITS RÉSERVÉS.

A

M. le Professeur Dr. E. BERNER

Archiviste de la Maison Royale de Prusse

Hommage de vive gratitude et de profond respect

AVANT-PROPOS

AVANT-PROPOS

Avant de publier ce troisième volume, nous tenons à assurer de notre très respectueuse reconnaissance M. l'Archivrath Dr. Berner, qui nous a si aimablement accueilli aux Archives de la Maison Royale de Prusse. Nous exprimons aussi toute notre gratitude à M. le Dr. R. Fester, professeur à l'Université d'Erlangen, dont les conseils et l'érudition nous ont été d'un grand secours. Nous remercions Mr. E. Frensdorff, qui nous a communiqué des documents inédits sur Rheinsberg, M. le Landgerichtsdirektor J. Meyer, secrétaire du Historischer Verein für Mittelfranken, et M. Lederer, professeur au Gymnase de Bayreuth et Président du Historischer Verein für Oberfranken.

Heidelberg, septembre 1903.

CHAPITRE I

LA COMÉDIE FRANÇAISE A LA COUR DU PRINCE HENRY DE PRUSSE.

1753-1802 (1).

Non loin de Berlin, où les Cochois, Blainville et Mademoiselle Sainte-Treuze faisaient applaudir Corneille, Racine et Molière, se trouvait une autre « Comédie française ». Nous voulons parler du théâtre que le Prince Henry de Prusse avait élevé dans sa résidence de Rheinsberg ; mais avant de conter l'histoire de cette scène, quelques mots sur celui qui en fut le protecteur.

Frédéric-Henry-Louis de Prusse, communément appelé le Prince Henry, naquit à Berlin le 18 janvier 1726. Il était le troisième fils de Frédéric-Guillaume Ier et de Sophie-Dorothée de Hanovre. Nous savons peu de choses de son enfance. Son éducation, comme celle de son frère aîné, fut commencée par une Française, par Madame de Jaucourt. Notre langue fut la première qu'il parla. On lui apprit sans doute un peu d'histoire, de géographie et de calcul, mais ces études durent se borner au strict nécessaire ;

le Roi-sergent voulait avant tout faire de ses fils de bons soldats, et c'est à leur instruction militaire qu'il apportait tous ses soins. Henry se distingua rapidement dans le métier des armes et mérita d'être nommé, dès l'âge de quatorze ans, colonel et chef du 35e régiment d'infanterie en garnison à Spandow (2).

La guerre de la Succession d'Autriche donna au jeune officier l'occasion de se signaler. En 1744 il défendit avec succès la ville de Tabor en Bohême et un an plus tard il se fit remarquer par sa vaillance à la journée de Hohenfriedberg. La paix de Dresde conclue, il se rendit à Potsdam sur l'ordre de son frère. Ce fut là qu'il put compléter ses études. Curieux de lettres et de philosophie, il fréquenta avec assiduité les écrivains et les savants dont le Grand Frédéric aimait à s'entourer et acheva de s'instruire en les écoutant. Mais le séjour de Potsdam, que le Roi quittait rarement, très agréable pour le maître, l'était beaucoup moins pour ses subordonnés. Sorti du palais, l'on ne voyait que des baïonnettes et des casques de grenadiers. C'était une ville de garnison sans le moindre agrément. La vie régulière et monotone qu'on y menait ne plaisait guère au Prince Henry, qui aimait le faste et la galanterie ; aussi son suprême bonheur était-il de s'évader et d'aller incognito courir le guilledou à Berlin. Frédéric s'en aperçut et réprimanda vertement son frère. Il lui reprocha de préférer « le frivole » au « solide », de ne pas « s'appliquer à des choses mille fois plus essentielles que la bagatelle » et lui prédit qu'il irait « mourir à l'hôpital » s'il continuait à faire des dettes. Ces remontrances n'eurent qu'un effet médiocre. Le Roi redoubla de sévérité et alla jusqu'à mettre le coupable aux arrêts. Le Prince Henry n'oublia jamais ces rigueurs, et en dépit de l'estime, de la confiance et de l'affection que Frédéric ne cessa de lui témoigner, il se tint toujours avec lui sur une certaine réserve.

Pour se soustraire à l'étroite surveillance du Roi et pour obtenir le droit de vivre à sa guise, Henry n'eut qu'un moyen : ce fut de se marier. Certes, il aurait préféré rester célibataire, mais Frédéric, désirant voir son frère se ranger, ne lui accorda la liberté qu'à ce prix. Henry se résigna et épousa plutôt par obéissance que par amour Wilhelmine de Hesse-Cassel (25 juin 1752). Cette princesse était cependant digne d'être aimée. Tous les contemporains ont admiré sa beauté. Une de ses amies, la comtesse Vos, l'appelait « la divine » ou « l'incomparable », et le Roi vantait à la Margrave de Bareith « l'esprit cultivé », « la décence » et les « excellentes manières de sa belle-sœur » (3). Les nouveaux mariés allèrent habiter le château de Rheinsberg dont Frédéric avait fait présent à son frère au mois de juin 1744. Rien ne fut épargné pour divertir la jeune femme. Le Prince donna en son honneur les fêtes les plus brillantes et l'entoura d'une cour où l'on pouvait « retrouver en tout le ton de la plus grande politesse, de l'élégance la plus soignée et de la gaîté la plus séduisante » (4). Ces beaux jours n'eurent, hélas ! qu'une courte durée. D'injustes soupçons vinrent troubler la quiétude du Prince. Peu à peu, il se détacha de la Princesse et finit par s'en séparer. Le 27 mai 1769, il écrivait à la Landgrave Caroline de Hesse-Darmstadt en parlant de sa femme : « Depuis trois ans je suis complètement brouillé avec elle » (5). Wilhelmine se retira à Berlin où son mari ne passait guère que trois mois par an.

La guerre de Sept ans, durant laquelle le Prince Henry se couvrit de gloire aux côtés du Roi, dispersa la Cour de Rheinsberg, mais la paix d'Hubertsburg y ramena les plaisirs. Le vieux château où le Grand Frédéric avait passé les heures les plus heureuses de sa jeunesse revit alors les beaux jours qu'il avait connus jadis.

Rien de plus charmant en effet que la Cour du Prince Henry. Les journées n'y étaient pas réglées par les lois d'une sévère étiquette. On vivait à sa fantaisie. La « matinée était consacrée à la solitude, à la liberté et aux visites réciproques ». Un cavalier venait s'informer de la part du maître si votre santé était bonne et si vous ne manquiez de rien. Le Prince, enfermé dans son cabinet, lisait, écrivait des lettres et s'occupait de littérature ou de philosophie. Parfois il sortait pour se promener dans le parc du château et dans la forêt qui y confine. La lecture de Rousseau lui avait appris à aimer la campagne. Il éprouvait un plaisir infini à errer seul dans les bois, à s'y « enivrer à loisir des charmes de la nature » et à se recueillir dans un silence que ne troublait aucun bruit. Assis sur les rives ombragées du Grinericksee, il contemplait le paysage mélancolique qui s'offrait à ses yeux : cette suite de lacs que ne bordent ni champs, ni vignes, ni maisons, mais de grandes plaines sablonneuses, des prairies d'un vert pâle et la ligne sombre des pins.

A une heure, le « dîner » rassemblait tout le monde autour d'une table frugalement servie. L'après-midi, on pouvait être admis chez le Prince qui se faisait lire des ouvrages de philosophie ou d'histoire et des relations de voyage. Chacun des auditeurs rangés en demi-cercle avait devant lui une table sur laquelle se trouvaient des ciseaux et des feuilles de gravures coloriées représentant des fleurs et des animaux. Pendant la lecture qu'il était permis d'interrompre pour communiquer ses doutes et ses réflexions, les cavaliers et les dames de la Cour découpaient ces figures dont on ornait ensuite les chambres du château. L'été, on se rendait souvent dans la forêt où le Prince avait fait bâtir une sorte de hameau. Les demeures rustiques qui le composaient, à en juger par des gouaches conservées au Hohenzollern-Museum, étaient loin de ressembler aux délicieuses chaumines du Petit-Trianon. C'étaient de simples chalets grossièrement construits en écorce d'arbre. Il y avait « des salles communes pour la cuisine, pour la table et pour servir de salon. » Chacun préparait son plat et, si le temps le permettait, on dînait en plein air. Les bords d'une fontaine servaient de buffet et les convives faisaient en chantant les apprêts du festin. Fréquentes étaient aussi les excursions à l'île de Rémus. Une loupe à la main, on se livrait aux plaisirs de l'herborisation ; l'on éprouvait à observer les plantes et les fleurs la même joie que ressentait Jean-Jacques à l'île de Saint-Pierre (6).

Le soir, après les concerts et les spectacles dont nous parlerons tout à l'heure, le Prince invitait ses intimes à des soupers qui se prolongeaient fort avant dans la nuit. La plus grande animation régnait dans ces réunions. On y parlait beaux-arts, politique et religion. Henry exposait librement ses idées qui différaient peu de celles de son frère. C'était bien un homme de son siècle, il en avait la sensibilité, les sentiments généreux, la philanthropie déclamatoire, la morale peu sévère, appropriée aux goûts d'une société où l'on parlait de la vertu plus qu'on ne la pratiquait.

Telle était la vie au château de Rheinsberg. Ajoutons que le Prince Henry excellait à varier les divertissements de son entourage, à imaginer des fêtes toujours nouvelles. Mais de tous les plaisirs qui égayèrent sa Cour, le théâtre fut celui qu'il préféra et auquel il consacra avec le plus d'ardeur ses loisirs, ses talents et son argent. Pendant près d'un demi-siècle, des professionnels et des amateurs jouèrent sous sa direction les chefs-d'œuvre de notre répertoire classique. Non content de se faire applaudir dans ces spectacles, il écrivit nombre de petits actes et d'à-propos en l'honneur des hôtes qu'il recevait (7). Il fut encore un régisseur accompli, président aux répétitions, s'occupant des décors et des costumes et veillant aux moindres détails de la mise en scène.

Il n'y eut d'abord à la Cour du Prince Henry qu'un « théâtre de société ». Sa création semble remonter à 1753 ; de cette année datent les premières représentations qui nous soient connues ; elles eurent lieu en présence de la Landgrave Caroline de Hesse-Darmstadt. Nous savons peu de choses des artistes qui composaient la troupe d'amateurs de Rheinsberg. Le Prince Henry jouait les premiers rôles dans la tragédie, et, à en croire les contemporains, s'en acquittait à merveille. Voltaire d'ailleurs lui avait donné des leçons de déclamation. Pendant son séjour à Potsdam, l'auteur de *Zaïre* avait fait construire un théâtre dans les appartements de la Princesse Amélie. Les frères et les sœurs du Grand Frédéric représentaient sur cette scène les chefs-d'œuvre du maître (8). Le poète dirigeait les études de ses ouvrages, reprenait ses interprètes, corrigeait leur prononciation et rectifiait leurs mouvements. A une telle école les progrès des acteurs furent si rapides que l'illustre professeur put sans trop exagérer vanter à sa nièce les talents de ses élèves (9). Le Prince Henry récitait les vers sans le moindre accent, d'une voix chaude et harmonieuse. La noblesse de ses gestes et de son maintien faisait oublier son physique défectueux. On sait en effet que la nature n'avait pas donné au vainqueur de Freyberg l'extérieur d'un héros : « Il était d'une très petite taille, nous dit le marquis de Bouillé, et très mal proportionné. Sa figure n'était pas seulement laide, elle était au premier aspect repoussante, et jamais une belle âme et de grands talents n'ont été plus mal logés. De grands yeux bleus très animés mais durs et de travers contribuaient à lui donner un air effrayant. Mais dès qu'on l'avait entendu, cette impression s'effaçait : on oubliait les défauts de sa personne, et le feu, l'on peut dire l'esprit et presque la grâce de sa physionomie, pénétrait jusqu'à l'âme » (10).

Aux côtés du Prince Henry, on pouvait applaudir son lecteur l'abbé de Francheville (11), son aide de camp le major de Kaphensk, Monsieur de Kalkreuth qui tenait l'emploi des *pères nobles* et des *rois*, la jeune Comtesse de Bredow, la Baronne Caroline de Wreich, Mademoiselle de Morienne, excellente dans les *soubrettes* et dans les *princesses* de tragédie. Parfois le Prince Ferdinand de Prusse (12) prêtait son concours ; il se faisait remarquer par son naturel et par le charme de sa diction (13).

Au début, ces artistes jouèrent dans les salons du château et durent se contenter d'une mise en scène sommaire. Il n'y avait pas encore de salle de spectacle à Rheinsberg. Ce n'est qu'en 1766 que le Prince Henry en fit élever une (14). Elle fut démolie huit ans après et remplacée par une nouvelle plus élégante et plus spacieuse. Mais dès l'année 1758, on avait construit dans le parc un théâtre de verdure. Sur une pelouse en pente entourée de grands arbres s'étageaient les bancs des spectateurs. La scène de gazon, qui existe encore aujourd'hui, a la forme d'un triangle dont la base serait le proscenium. Des charmilles disposées parallèlement les unes aux autres servaient de coulisses (15). On donnait sur ce théâtre des bergeries, des opéras comiques et des parades. Une de ces dernières, intitulée *La Mort du Corbeau*, nous a été conservée. Nous

n'en connaissons pas l'auteur (16). Sa pièce diffère peu des petits actes réunis par Corbie dans le *Théâtre des boulevards* (17). C'est dire que les plaisanteries grasses et les sous-entendus grivois en font tout le comique. On pourrait s'étonner qu'une Cour aussi spirituelle et aussi polie que celle du Prince Henry se soit divertie à ces grossières platitudes ; mais il ne faut pas oublier que vers 1750 la parade était un genre très à la mode : Fagan, Moncrif, Piron et surtout Collé en firent jouer de leur façon chez le Duc de la Vallière, le Duc d'Orléans et le Comte de Clermont.

En 1766, la Princesse Wilhelmine quitta Rheinsberg pour n'y plus revenir. Peu de temps avant son départ, de grandes fêtes et des spectacles de gala furent donnés en l'honneur d'Amélie de Prusse, sœur du Prince Henry. Les Archives de la Maison royale possèdent une description manuscrite de ces réjouissances qui ne durèrent pas moins de dix-huit jours (18).

La Princesse Amélie fut reçue chez son frère « sous le nom d'Astrée ». Le jour de son arrivée, un cavalier de la Cour, costumé en Sylvain, fut envoyé à la rencontre de l'auguste visiteuse :

« Il étoit monté sur un char à triple étage orné de feuilles de Chêne et de Pin, au faîte duquel brilloit en fleurs le nom de la Princesse. Aux pieds de Silvain étoit une troupe de jeunes Faunes jouant de leurs flûtes champêtres.

« A l'entrée du Bois qui conduit à Rheinsberg, Silvain reçut la Princesse à son passage ; et après être descendu sur une espèce de gradin qu'on avoit ménagé à son char, il lui adressa à la portière du carosse le compliment suivant :

« Fille de Saturne et de Rhée !
Reconnaissez Silvain le Dieu de ces Forêts.
Il vous salüe au nom de l'heureuse contrée
    Que vient honorer Votre Aspect.
Jouïssez des transports d'une juste allégresse !
Saturne, pour vous voir, abandonne les Cieux ;
    Et vous allez, respectable Princesse,
    Rétablir son règne en ces lieux.

> Déjà des Nations la troupe impatiente
> S'avance sur mes pas pour recevoir vos loix.
> Venez, au sortir de ce Bois,
> Couronner la plus chère attente. »

Le Dieu du Temps et quatre quadrilles « figurant les Nations principales de la Terre » s'avancèrent alors pour saluer la Princesse. Les Espagnols « représentant l'Europe » étaient conduits par M. d'Arnheim ; les Turcs « représentant l'Asie » par le Prince Henry. Messieurs de Kalkreuth et de Schwerin se tenaient à la tête de l'Amérique et des Africains. Chacun de ces peuples était précédé de joueurs d'instruments et d'un héraut d'armes « richement habillé à la grecque et monté sur un cheval enharnaché de même ». Entourée de ce brillant cortège, Amélie se dirigea vers un cabinet de verdure où une collation était servie. La voyageuse y fut accueillie par « l'Europe », dont sa belle-sœur Wilhelmine remplissait le personnage. Au seuil du château ce fut Apollon qui souhaita la bienvenue à la Princesse. On se rendit dans la salle de Musique. Les Muses rangées en demi-cercle sur « un Parnasse brillamment illuminé » entonnèrent un chœur à la louange d'Amélie et la réception se termina par un concert où l'on entendit les meilleurs virtuoses du Prince Henry : les violonistes Mathis (19) et Salomon (20), le violoncelliste Mara (21), le sieur Lehmann et le sieur Réclam qui ravirent l'assemblée en chantant des airs de Romani et des mélodies italiennes (22).

Les comédiens amateurs de Rheinsberg jouèrent à plusieurs reprises devant la Princesse Amélie. Le 16 août on donna la *Sémiramis* de Voltaire avec la distribution suivante :

Arzace.	S. A. R. le Prince Henry.
Sémiramis	Mlle de Morienne.
Azéma.	La Comtesse de Bredow.
Assur	M. de Kalkreuth.
Osroès.	M. de Francheville.

Les trois confidents : MM. d'Arnheim, de Schwerin et de Kaphensk.

La pièce fut « exécutée avec les changements de décorations et tout l'appareil qu'elle demande » et suivie « d'un grand ballet-pantomime représentant les songes funestes dansant autour du tombeau de Ninus ». A la fin de ce ballet, « le fond du théâtre s'ouvrit » ; « du sein d'une gloire, où brilloit le chiffre couronné de la Princesse, on vit sortir la Concorde. » Le sieur Réclam, chargé de ce rôle, « apostropha les Songes funestes en ces termes » :

« *Récitatif :*

Enfans du noir sommeil, êtres imaginaires,
D'un sinistre avenir funestes émissaires,
Cessez vos combats odieux !
Qu'ici de tant d'horreurs les Plaisirs et les Jeux
Effacent jusqu'à l'apparence.
Il n'est plus question de présages fâcheux :
L'auguste Amélie en ces lieux
Rend tout heureux par sa présence. »

S'adressant alors aux Jeux et aux Plaisirs qui l'accompagnaient, la Déesse chanta ces paroles sur un air italien :

« *Air :*

Régnez, Plaisirs vainqueurs,
Régnez sur tous les cœurs ;
Vous n'êtes point trompeurs,
Plaisirs enchanteurs.

Pourquoi le seriez-vous ?
Ici loin des jaloux,
Si votre empire est doux,
Le sentiment chez nous
Vous anime tous.

Régnez, Plaisirs vainqueurs,
Etc., etc.

La Concorde dit ensuite aux « Prêtres de Babilone » :

« Et, vous, ministres saints, vous Pontifes et Mage
Sur cet autel paré de fleurs,
A l'auguste Amélie offrant un pur hommage,
Faites fumer l'encens de tous les cœurs. »

« Les Prêtres et les Mages distribuèrent des guirlandes aux Jeux et aux Plaisirs qui en allèrent parer l'autel sur lequel on alluma de l'encens ; après quoi ils dansèrent avec des Berceaux de fleurs, dont on leur vit former toutes sortes de figures riantes et allégoriques » (23).

Le 20 août, Mademoiselle de Morienne, la Comtesse de Bredow, le sieur Réclam et le jeune M. de Boden représentèrent un opéra italien intitulé *Rhéa Sylvia* (24).

Deux jours après, il y eut une « Foire » au théâtre de verdure. Les cavaliers de la Cour, « déguisés en petites marchandes de toutes les Nations », faisaient les honneurs de six boutiques « remplies de bijoux, d'étoffes et de galanteries ». Les emplettes se tiraient au sort. Le hasard (on dut l'aider un peu) « octroya les meilleurs prix à la princesse Amélie ». Après cette loterie, un gentilhomme de la suite du Prince Henry, M. Hoffmann, costumé en « marchand d'orviétan napolitain », chanta un air italien. Son « jeu très bien imité » amusa beaucoup les spectateurs. On applaudit ensuite des « marionnettes à la florentine » et la journée finit par *Le tableau de la Foire de Rheinsberg représentant les Faits et Gestes de l'Auguste et Incomparable Dame Anne-Amélie, Princesse royale de Prusse, Princesse de l'Empire, Abbesse de Quedlinbourg*, etc. Un petit Savoyard monté sur un tonneau déroulait une série de toiles peintes ; une vieille femme en indiquait les sujets et chantait en guise de *boniment* les couplets que voici :

« Air : *Or il étoit un Roy de France...*

Vous qui courez à cette foire,
Or, écoutez, petits et grands, — han !
Vous allez entendre une histoire
Dont tous les faits sont surprenans, — han !

I TABLEAU.

Un petit Berceau royal; Minerve berçant d'un côté et Apollon de l'autre jouant du Luth.

        Sous la plus brillante influence
        Naquit un auguste Poupon — hon !
        Minerve a bercé son enfance
        Aux accords du Luth d'Apollon — hon !

II TABLEAU.

L'Auguste Enfant assis sur les degréz du thrône ; sa gouvernante sur un tabouret lui apprend à lire.

        A bégayer au pied du thrône
        A peine a-t-elle commencé — hé !
        Que comme un Docteur de Sorbonne
        Elle savoit son a b c — hé !

III TABLEAU.

La jeune Princesse devant un Clavecin, ayant à ses pieds plusieurs instrumens de Mathématique et de Musique, comme Sphères, Cercles, Flûte, Violon, Basse de Viole, etc. Elle est environnée des Ouvrages des plus grands Compositeurs, parmi lesquels on distingue un Fusch, un Tellemann, un Mathéson, un Hendel, un Bach l'ancien, un Hasse, un Graun, etc., et on la voit occupée à des Contre-points du célèbre Kirnberg. Sur le clavecin on apperçoit des Sonates de sa propre composition (25).

        Bientôt déployant son génie,
        Vous la voyez dès son Printemps, — han !
        Perfectionner l'harmonie
        Et cultiver tous les talents — han !

IV TABLEAU.

La Princesse sur le Parnasse d'Italie entre Apollon et la Muse de la Musique, donnant la main à cette dernière.

        Sur le Parnasse d'Ausonie
        A la droite du Dieu du Goût — hou !

Donnant la main à Polymnie,
Elle tient déjà le haut bout. — hou !

V TABLEAU.

La Princesse à la tête de son Chapître.

Dans un chapître qu'on révère,
A la têt' d'illustres Reclus — hu !
Là, son auguste ministère
Donne l'exemple des vertus — hu !

VI TABLEAU.

*Le Temple de l'Immortalité par la Lucarne duquel on retire une Echelle;
on voit briller au faîte le Nom de la Princesse tout rayonnant de gloire.*

La voici parmi ses modelles ;
Mais si haut monté pour le coup — hou !
Qu'après Ell' faut tirer l'échelle :
Tout autr' s'y romperoit le cou — hou ! »

Le 25 août, la tragédie *Venise sauvée* fut jouée au théâtre du château (26). Les rôles en étaient ainsi répartis :

Jaffier.	S. A. R. le Prince Henry.
Pèdre.	M. de Schwerin.
Renaud.	M. de Kalckreuth.
Le Doge.	M. de St-Surin.
Belvidera	Mlle de Morienne.
Piuli.	M. de Boden *l'aîné*.

Le spectacle fut suivi d' « un ballet-pantomime représentant : le Génie de Rheinsberg occupé devant un chevalet à peindre en fleurs le nom de la Princesse Amélie ». Les Jeux et les Plaisirs placèrent « ce glorieux tableau sous un grand arc de triomphe qu'ils ornèrent de guirlandes et de festons ». « Des sauvages survenant, dont l'air et les attitudes annonçoient des Ennemis des Arts, tombèrent à genoux à l'aspect de ce nom respectable et se réunirent pour lui rendre hommage » (27).

Le surlendemain, la Princesse Amélie et toute la Cour applaudirent *Annette et Lubin*, le délicieux opéra comique de Favart, interprété par M. de Bredow (Lubin), Mlle de Morienne (Annette), Madame Caroline de Wreich (le Bailli) et M. Hoffmann (le Seigneur). On avait ajouté à la ronde finale le couplet suivant :

> « Sous cent formes la Folie
> Nous met chaque jour en train ;
> Elle a dicté les Saillies
> Et d'Annette et de Lubin ;
> Mais sans l'aspect d'Amélie
> Tout cela ne seroit rien !
> Ah !
> Il n'est point de Fête
> Lorsqu'Elle n'en est pas ! »

Le refrain fut repris en chœur et le rideau tomba sur un divertissement « de Savoyards et de Batteurs en grange ».

Une seconde représentation de *Sémiramis* et du *Ballet des Songes* (30 août) fut le dernier spectacle donné en l'honneur de la Princesse Amélie (28).

A partir de l'année 1770, le Prince Henry enrôla dans sa troupe toutes les personnes attachées au service de la Cour qui savaient le français : Lehman, Mara et Salomon les virtuoses dont nous avons déjà parlé, Ossent, un normand natif de Montivilliers (29), Richer de Louvain, bibliothécaire du château, François Hortzyski, secrétaire du Prince et musicien distingué (30), Mlle Mundt, fille d'un marchand de Rheinsberg, et Madame de Brumore, une *prima dona* de grand talent (31). A ces nouvelles recrues furent adjoints quelques acteurs de profession : le sieur Bourdet, ancien pensionnaire de Fierville (32), Madame Toussaint et ses enfants. Cette dernière, veuve d'un membre distingué de l'Académie berlinoise (33), tenait l'emploi des *mères* et des *duègnes*; son fils excellait dans les *valets* (34), l'aînée de ses filles, Madame Bilguer (35), dans les *princesses* de tragédie; les deux cadettes se partageaient les rôles de *soubrettes* et d'*amoureuses* (36).

Ainsi complétée, la troupe de Rheinsberg donna des spectacles réguliers. Son répertoire comprenait « les chefs-d'œuvre du Théâtre français », des opéras comiques et même des opéras (37). En outre, chaque année, à l'anniversaire de la bataille de Freyberg et aux jours de naissance des Princes Henry et Ferdinand, on représentait des à-propos. Les Archives de la maison royale conservent plusieurs de ces pièces que leurs auteurs ont presque toujours eu la modestie de ne pas signer. Elles n'ont aucune valeur littéraire et abondent en réminiscences de nos auteurs comiques (38). Nous en publions une à titre de curiosité ; le lecteur y retrouvera un personnage du *Mercure galant* et toute une scène des *Plaideurs*.

Au mois de juin de l'année 1772, les comédiens du Prince Henry eurent l'honneur de jouer devant la Reine Ulrique de Suède, qui vint passer plusieurs jours à Rheinsberg (39). On les applaudit dans l'*Orphelin de la Chine*, dans *Tancrède*, dans *Mahomet* et dans *Psyché*, une tragédie lyrique en trois actes (40). Ces représentations furent suivies de feux d'artifice et de soupers dans le parc illuminé. Le jour du départ de la Souveraine, on donna « un prologue en musique » intitulé *Le Réveil d'Epiménide*, mais, à en croire un contemporain, la pièce ne put être achevée, tant les interprètes et le public étaient émus.

Deux ans plus tard, en 1774, fut inaugurée la nouvelle salle de spectacle construite dans l'aile ouest du Cavalierhaus. La façade de ce théâtre ressemble à celle d'un temple grec. Le fronton supporté par des colonnes doriques abrite deux bustes antiques et un bas-relief peint « à trompe l'œil » qui représente Apollon entouré de génies (41). La salle tombe en ruines et sert aujourd'hui d'asile aux vases et aux statues brisés provenant des jardins. Elle est de petite dimension et pouvait contenir trois cents spectateurs environ. Le plafond, les deux balcons et les avant-scènes sont ornés de peintures dues au pinceau de Gagliari; l'ocre jaune, le noir et le bleu dominent dans ces décorations d'un goût médiocre. La scène beaucoup plus grande que la salle mesure treize mètres de large (42) sur seize mètres de long. Deux échelles donnaient accès dans les dessus et dans les dessous. A droite et à gauche du cadre se dressent encore les poêles de porcelaine qui servaient à chauffer l'édifice.

Le Prince Henry choisit pour régisseur de ce théâtre le sieur Blainville qui, par suite de mauvaises affaires, avait abandonné la direction de la troupe berlinoise (43). Cet ancien sociétaire de la Comédie française, sans être un acteur de premier ordre, connaissait à fond son métier et s'acquitta fort bien de la tâche qu'on lui confiait. En 1781, croyant avoir encouru la disgrâce de son maître, il se suicida de désespoir. Le Prince Henry, désolé d'être la cause innocente de ce malheur, voulut du moins rendre dignement les derniers devoirs à ce serviteur dévoué. Il lui fit élever un monument dans le cimetière de Rheinsberg et composa lui-même l'épitaphe qu'on lit encore sur le tombeau du pauvre comédien :

> Ci gît Blainville enfermé dans la bière
> Après avoir fait rire et pleurer bien des gens.
> Plaute, Térence et leur ami Molière
> Auroient applaudi ses talents.
> Il étoit tout : Burrhus, Zopire, Arsène ;
> Il quitta par Joad et la vie et la scène.
> Ce rôle seul l'eut immortalisé.
> Paroissant embellir l'ouvrage de Racine,
> Son âme s'envola vers la source divine
> Où cet auteur l'avoit puisé.
> MDCCLXXXI (44).

Blainville ne fut pas le seul artiste du théâtre de Berlin qu'on applaudit sur la scène du Cavalierhaus. A plusieurs reprises, le Prince Henry manda à sa Cour Saint-Huberty, Mlle Grenier et

Mlle Fleury (45). Ajoutons qu'en 1775, Lekain, après avoir joué devant Frédéric, se fit entendre à Rheinsberg. Nous ignorons malheureusement quels rôles y interpréta le célèbre tragédien.

Au mois d'août 1776, de brillants spectacles furent donnés lors de la visite que Paul de Russie et sa fiancée Sophie de Würtemberg firent au Prince Henry. Les neuf muses reçurent le Grand-Duc et la jeune Princesse. Thalie (Mlle Toussaint) se rendit au-devant de Son Altesse Impériale pour lui souhaiter la bienvenue ; Melpomène, dont Mlle Fleury tenait le rôle, chanta une ariette que « les filles de Mémoire reprirent en chœur ».

Le lendemain, on joua au théâtre du Cavalierhaus la tragi-comédie de *Samson* (46), précédée d'un à-propos en l'honneur du Grand-Duc.

« Le décor de ce Prologue, lisons-nous dans une relation, représentait une riante campagne où les Plaisirs se réjouissaient en chantant et en dansant. L'un d'eux pria Jupiter de rendre par sa présence leur joie plus complète. On entendit aussitôt une marche majestueuse, pendant laquelle le maître de l'Olympe, entouré des autres Divinités, descendit sur un nuage resplendissant de lumière. Dans un récitatif, Jupiter vanta le bonheur des habitants de Rheinsberg qui voyaient au milieu d'eux l'héritier de la Grande Catherine, puis il ordonna à l'Hymen et à l'Amour de joncher de fleurs la vie de ce Prince, à Apollon de le distraire par un céleste concert, et à Thalie de l'égayer. Phébus et la Muse comique chantèrent alors d'admirables aries pour exhorter le Dieu de l'Harmonie et les Jeux à bien suivre les instructions de Jupiter. L'Hymen et l'Amour dansèrent ensuite un *pas de deux* ; Euphrosine, la plus belle des Grâces, se joignit à eux et dans un *pas de trois* les enchaîna de guirlandes et de rubans. On vit enfin s'élever un obélisque où brillait le chiffre du Grand-Duc. Toutes les Grâces couronnèrent de fleurs ce monument, tandis que le chœur répétait :

   Chantons, dansons, et que ces bords heureux
    Retentissent de mille vœux
   Et pour Paul et Catharine ! » (47).

Le jour suivant (7 août), on représenta le *Déserteur* de Sedaine et Monsigny avec un ballet intitulé : *Le Bouquet pris et repris* (48).

La guerre de la Succession de Bavière (1778) interrompit les spectacles du Cavalierhaus. Ils recommencèrent après la paix de Teschen, mais nous savons peu de choses des pièces et des acteurs que la Cour de Rheinsberg applaudit à cette époque.

En 1784, les comédiens du Prince Henry, pour fêter le retour de leur maître qui avait passé l'hiver à Berlin, donnèrent un à-propos où le Dieu du Grinericksee et la Nymphe de la Sprée célébraient en ces termes le vainqueur de Freyberg :

LA NYMPHE.

De la Sprée, où j'étois Souveraine absolue,
Je suis de source en source en ce lieu parvenue.

LE DIEU.

Et pourquoi fuir le séjour fortuné,
L'Empire que le sort vous avoit destiné ?

LA NYMPHE.

Seigneur, si j'ai quitté ces aimables retraites,
Ce n'est pas pour vous voir ; calmez votre courroux ;
C'est pour voir un mortel, qui, tout Dieu que vous êtes,
A cent fois plus de mérite que vous.

LE DIEU.

De son mérite un Dieu pourrait être jaloux,
Je le sais ; mais ce Prince, objet de vos voyages,
Reparait à peine à nos yeux.
Il a pendant trois mois habité vos rivages ;
Là, vous pouviez le voir aussi bien qu'en ces lieux.

LA NYMPHE.

Il vrai qu'à Berlin sa présence héroïque
Plus d'une fois a frappé mes regards ;
Mais je ne l'ai point vu tel que la voix publique

Le représente alors qu'il a fui nos remparts.
L'on prétend qu'il protège et cultive les arts
    Dans cette demeure rustique.
      L'on dit qu'au milieu de ces champs,
L'on a vu s'élever un théâtre magique
    Qui charme à la fois tous les sens.
L'on dit même qu'en fait de spectacle lyrique,
    Les plus orgueilleuses cités
    N'offrent aux peuples enchantés
Rien de plus ordonné, ni de plus magnifique.
L'on ajoute qu'on trouve une brillante Cour
    Même au sein de cette retraite,
    Mais que le respect et l'amour
Ont seuls le droit d'y régler l'étiquette.
Le haut rang à l'esprit s'y trouve associé,
On en bannit, dit-on, tout flatteur mercenaire.
    Là HENRI goûte au sein de l'amitié
Des plaisirs inconnus aux Princes de la Terre.
    L'on dit que sur son front vainqueur
A l'orgueil martial succède la douceur,
Que son œil se désarme et devient populaire,
Et qu'enfin ce Héros en ce lieu solitaire,
Sans cesser d'être grand dépose sa grandeur.
. . . .
. . . .
Ma curiosité vous paraît excusable,
    J'ose du moins le croire en cet instant.
A Berlin, je n'ai vu qu'un héros éclatant,
Je viens voir en ces lieux un philosophe aimable (49).

Vers 1788, le personnel du théâtre de Rheinsberg s'était presque entièrement renouvelé et ne comptait plus, à l'exception d'Hortzyski, que des acteurs de profession. Plusieurs d'entre eux, comme Dupuis et Monrose, avaient appartenu à la Comédie française de Berlin (50). Parmi les autres se trouvaient les fils de Le Bauld de Nans, l'ancien régisseur de la troupe royale (51), Monsieur et Madame Suin (52), Madame d'Ocquerre, Mlle Aurore (53), les sieurs Dainville (54) et Delille (55).

Un prologue représenté au mois de septembre 1789, en présence de Frédéric-Guillaume II, nous renseigne sur les emplois et les talents de ces artistes. L'auteur de cet à-propos nous introduit dans les coulisses du Cavalierhaus et nous fait assister aux délibérations du tripot comique. Sur la scène, où les machinistes ont planté « un jardin brillamment illuminé », Toussaint et ses camarades se réunissent pour choisir le spectacle qu'ils donneront en l'honneur de Sa Majesté :

<small>Madame SUIN, *en habit de caractère, comme dans Le Chevalier à la mode.*</small>

Allons, allons, vite, Messieurs, cherchons, arrangeons, décidons ensemble quelles pièces nous donnerons pendant le séjour du Roi. Dieu soit loué, nous voilà seuls et je me flatte dans ce petit comité de ne souffrir aucune contradiction. Je vous avertis d'abord que je prétends jouer devant Sa Majesté tous les bons rôles de mon emploi, car j'ai un désir extrême de lui plaire.

<small>Mr. SUIN, *en Crispin.*</small>

Mais, vous n'y pensez pas ; voir toujours une marquise ridicule, une comtesse surannée, cela n'est pas trop rafraîchissant.

<small>Madame SUIN.</small>

Que voulez-vous dire, rafraîchissant ? Le joli mot ! qu'il est honnête ! Eh bien ! quoi ! ne faut-il pas rire, être gais ? De plus, pour vous contenter, je jouerai avec vous l'opéra comique, car je donnerai de bien bon cœur deux, trois, cinq, six pièces par jour ; oh tant qu'on en voudra !

<small>TOUSSAINT, *en habit de valet de comédie.*</small>

Halte-là, Madame, s'il vous plaît ; j'ai mes petits intérêts à ménager. Un certain Tartuffe que je joue, m'a fait honneur. J'ai un Pasquin dans *Le Glorieux* qui amuse beaucoup, et puis mon Sganarelle dans *Le Festin de pierre*, hem, qu'en dites-vous ? Ah ! vous m'avouerez qu'il est délicieux de me voir endosser la robe de médecin, prescrire avec importance une prise de tabac comme remède infaillible ; sans compter les raisonnements philosophiques que j'emploie pour combattre les erreurs du scélérat Don Juan.

Mr. SUIN.

Qu'est-ce que cela ? Vous n'avez pas bon goût, vous autres.

Madame SUIN et TOUSSAINT, *ensemble*.

Et quel est-il ?

Mr. SUIN.

Vous me le demandez ? Est-il possible qu'il faille vous l'apprendre ! Il n'en est pas de meilleur que d'aimer les Crispins.

Madame SUIN et TOUSSAINT.

Les Crispins ! Ah ! ah ! ah !

Mr. SUIN.

Riez, riez, ah ! riez ! C'est l'effet de mon amabilité. Je vous fais rire quand je veux ; mes lazis, ma tournure, mes mines, les phrases comiques que je vous débitte, là... d'un air, qui... voyez-vous... fait que... enfin voilà le vrai goût. On s'instruit par mes manières aisées ; le ridicule se cache adroitement sous la plaisanterie et ensuite il se change en manières honnêtes, qui... *(Il voit entrer Hortzyski en Cassandre)*. Mais que diable, quelle est cette figure ?

HORTZYSKI, *marchant en Cassandre*.

Ah ! vous voilà ! Eh bien ! Je suis tout prêt. Vous me voyez tel que je veux paroître incessamment sur la scène.

Madame SUIN.

Eh ! Monsieur, qui vous a dit que vous paroîtriez aujourd'hui sur la scène ?

HORTZYSKI.

Personne, mais comme le rôle de Cassandre est celui que j'aime le plus, je demande à le jouer.

SUIN.

Si on me laisse jouer mes Crispins, j'attache mon gros ventre à mon ceinturon et je vous donne *Jérome pointu* (56).

Madame SUIN.

Ah ! Belle idée, vraiment ! Donner une pièce des Boulevards !

TOUSSAINT.

Faire cette injure à Molière, à Regnard, à Destouches !

HORTZYSKI.

Si vous me fâchez, je prendrai un autre déguisement. Je me fais beau garçon pour chanter dans *Le Jugement de Midas* (57) : la belle diguedon .... *(Il chante tout le couplet avec les accompagnements).*

TOUSSAINT.

Non, s'il vous plaît. Le rôle de Midas m'excède ; avouez qu'il est bien impudent à ce Mr. Apollon de donner au pauvre Midas une si grande paire d'oreilles. *(On entend fredonner dans la coulisse.)*

Madame SUIN.

J'entends chanter. Que veut dire cela ?

(Mlle Aurore entre en fredonnant un air d'Atis ou d'Œdipe à Colone. Elle est en habit de grand opéra.)

SUIN.

Vous chantez et vous ne pensez pas qu'on va représenter aujourd'hui *Crispin rival de son Maître*.

Madame SUIN.

Il rêve, je pense.

Mlle AURORE.

Qu'est-ce à dire ? Croyez-vous bonnement amuser le Roi par des pièces usées et qui devroient tomber dans l'oubli. C'est au moyen de la musique

que vous réussirez. Elle seule a droit de plaire. Je compte représenter douze opéras de suite et cela avec votre permission, Messieurs et Mesdames, car je serai infatiguable pour amuser le Roi.

Madame SUIN.

Au moins, s'il faut chanter, que ne choisissez-vous au lieu de vos grandes arias quelqu'air amusant, gai, comique. Tenez, pour vous donner le bon exemple, allons, Mr. Crispin, chantons un duo d'opéra bouffon. Vous en avez un bon répertoire. *(Duo de Simon et Simone dans Le Jardinier et son Seigneur).* (58).

Mlle AURORE.

Petite musique, peu propre à charmer les oreilles d'un connoisseur. Ce sont les Gluck, les Piccini, les Sacchini qu'il faut connoître. Ecoutez un air d'un de ces compositeurs et si cette musique ne vous serre pas vos entrailles, vous êtes insensibles et de vrais otomates. *(Air d'Alceste : Divinités du Styx... avec les accompagnements.)*

TOUSSAINT.

Ah ! je crains bien que mes bonnes intentions, mes empressemens ne se terminent par ne rien faire du tout, car je vois arriver notre tragédienne, qui va mettre le comble au désordre. Oh ! pour le coup, me voilà débouté de mes prétentions.

Madame D'OCQUERRE.

(Elle entre en déclamant et prend le milieu de la scène de façon qu'elle se trouve à côté de Crispin.)

N'allons point plus avant, demeurons, chère Œnone.
Je ne me soutiens plus ; *(Elle s'appuie sur Crispin)* la force m'abandonne.
Mes yeux sont éblouis du jour que je revois,
Et mes genoux tremblans se dérobent sous moi.
Dieux puissans...

Madame SUIN.

Quoi, vous répétez *Phèdre* ?

Madame D'OCQUERRE.

Sans doute, on la donne.

Mlle AURORE.

Non, s'il vous plaît. C'est *Atis* (59) et je vais de ce pas mettre l'habit de Sangaride.

TOUSSAINT.

Un petit moment, Mesdames. Il n'en sera rien. Me voilà prêt à jouer Hector :
« Il fait parbleu grand jour...
(Tout le couplet.)

M. SUIN.

Y pensez-vous ? il n'y a pas de Crispin dans *Le Joueur* et que ferois-je moi ?

Madame D'OCQUERRE.

Qu'est-ce à dire des Crispins, un Hector dans *Le Joueur* ? Y songez-vous Messieurs ? C'est la tragédie qui doit avoir la préférence. Les nobles sentimens sont dignes d'amuser un Héros, et je prétends jouer *Phèdre, Bajazet, Mérope, Le Comte d'Essex, Tancrède*, en un mot, tout Racine, tout Corneille et tout Voltaire.

Madame SUIN.

Mais je m'y perds. Cela n'est pas raisonnable.

Mlle AURORE.

Cela seroit raisonnable, si toutes ces pièces étoient mises en musique.

Madame D'OCQUERRE.

En musique, grand Dieu ! Et que deviendroit la déclamation, que deviendroit ce talent que les Dumesnil, les Lekain, les Clairon sçurent rendre si précieux ? Eh ! ne savez-vous pas que les Rois, les Princes, les grands capitaines retrouvent dans la tragédie ces sentimens sublimes, cette énergie qui s'accordent avec leur position. Un seul vers en dit plus à leurs cœurs que toutes vos comédies, vos opéras et surtout vos crispinades...

Madame SUIN.

Vous ne savez ce que vous dites. Concevez donc que la grandeur ennuie et que l'ennui endort. Il faut savoir amuser en instruisant, cela doit marcher ensemble. Je fais rougir les vieilles coquettes en leur jouant une Araminthe dans les *Ménèchmes*. Les jeunes gens n'oseront plus manquer à leurs maîtresses en voyant comme je les traite dans *L'Obstacle* (60).

Madame D'OCQUERRE.

Thalie a son mérite, j'en conviens, surtout lorsqu'elle nous fait voir le chef-d'œuvre de Molière dans *Le Misanthrope*, celui de Piron dans *La Métromanie*.

Madame SUIN.

C'est encore trop sérieux. Il faut me voir dans *Le Chevalier à la mode*, mes deux épées à la main, exigeant une profonde révérence de Madame Patin : « Plus bas, plus bas, bourgeoise ! Honneur aux armes ! » Et criant à ma sortie : « Victoria ! Victoria ! » (61). Toute querelle à part, il faut donner *Le Chevalier à la mode* !

Tous ensemble
- Madame D'Ocquerre : *Phèdre !*
- Mademoiselle Aurore : *Atis !*
- Madame Suin : *Le Chevalier à la mode !*
- Mr. Suin : des Crispins !
- Hortzyski : *Le Tableau parlant !* (62).
- Toussaint : *Le Joueur !* » (63).

Finalement, les comédiens, pour se mettre d'accord, invoquent Apollon et lui demandent conseil. Phébus apparaît sur un nuage éclatant de lumière et ordonne aux acteurs de jouer *Richard Cœur de Lion*, l'opéra comique de Sedaine et Grétry.

La troupe du Prince Henry se fit entendre tous les soirs pendant le séjour de Frédéric-Guillaume à Rheinsberg. Elle donna l'*Athalie* de Racine avec les chœurs de Schulz et *Alexandre aux Indes*, un opéra d'Hortzyski. Cet ouvrage fut suivi d'un ballet dont le décor, brossé par Vérona, représentait le Temple de l'Amitié ; au sommet du monument se lisait l'inscription suivante :

> « Que Guillaume et Henry servent à tous d'exemple.
> Leurs noms gravés ici par la Divinité,
> Ne quitteront jamais ce Temple
> Que pour celui de l'immortalité (64). »

Après la Fête de la Fédération, plusieurs nobles qui n'acceptaient pas la patrie créée par la Révolution, vinrent chercher un asile à la Cour du Prince Henry (65). La Comtesse de Sabran, accompagnée de son jeune fils Eléazar, arriva le 21 juillet 1791 à Rheinsberg où la rejoignit bientôt son futur mari le Chevalier de Boufflers (66). Le Prince accueillit d'une façon charmante ces hôtes dont il avait fréquenté les salons à Paris (67), et s'efforça de leur adoucir les rigueurs de l'exil en leur offrant des plaisirs nombreux et variés. Pour contenter ce nouveau public, les acteurs du Cavalierhaus se surpassèrent et réussirent à mériter ses suffrages. « ... Deux fois par semaine, lisons-nous dans une lettre de la Comtesse, nous avons d'excellentes représentations théâtrales. On joue de grands opéras dont la musique est aussi bien exécutée qu'à Paris..... On donne les meilleures pièces du théâtre français, et tous les opéras comiques. Je n'ai jamais éprouvé autant de plaisir au théâtre qu'à Rheinsberg. »

Charmés des talents dont faisaient preuve les artistes de la Cour, le Chevalier de Boufflers et son amie leur fournirent des à-propos pour le jour de naissance du Prince Henry. L'auteur d'*Aline* composa un divertissement héroï-comique, *L'Espoir de Minerve*; la Comtesse écrivit les paroles d'un opéra comique : *La veillée des Réfugiés françois à Rheinsberg, le 18 janvier 1726*. Ce petit acte était semé de flatteries ingénieuses et les émigrés pouvaient souligner de leurs bravos les allusions transparentes de ce couplet chanté par une vieille huguenote :

> « Mon Dieu, mon Dieu queu trance,
> Quand je sommes partis de cheux nous,

> J'pensions qu'hors de la France
> J' serions mangés des loups.
> Mais le temps vient que l'on oublie
> S'qui vous a tourmenté,
> Et l'on trouve un' patrie
> Où s'qu'on est ben traité (68). »

Enfin, comme la Comtesse de Sabran aimait la comédie de société et la jouait avec talent, le Prince Henry, en dépit de ses soixante-six ans, consentit à reprendre le métier d'acteur et à donner la réplique à la charmante jeune femme. Le 13 janvier 1792, on les applaudit dans *Achille*, une tragédie du Comte Eléazar (69).

Les spectacles de Rheinsberg continuèrent régulièrement jusqu'à la mort du Prince Henry (3 août 1802) (70). Des comptes datés de 1803 nous apprennent les noms des derniers artistes qui jouèrent au Cavalierhaus sous la direction du Comte de Brühl (71). C'étaient avec Delile et Madame Hortzyski que nous connaissons déjà (72), les sieurs Buttos, Janne, Calais *père,* Calais *fils,* Pérou, Jaillot et Delile *cadet,* Mesdames Buttos, Janne, Monrose (73), Berteas, Liboron (74), Valdus, Tourelle, Paulisch et Riegel. Le sieur Cords remplissait les fonctions de souffleur (75). Toussaint vivait encore, mais s'était retiré du théâtre.

Les appointements de ces artistes variaient de douze cents à soixante thalers. Ils étaient logés gratuitement; on leur donnait aussi le bois, la tourbe, les chandelles et les bougies nécessaires à leur chauffage et à leur éclairage.

Parmi les pièces qu'ils représentèrent avec le plus de succès, il convient de citer: *Le Bourgeois gentilhomme, L'École des maris, Le Tambour nocturne* (76), *L'honnête Criminel* (77), *Fénelon* (78), *Les Deux Amis* (79) et *Nina* (80).

La mort du Prince Henry réduisit plusieurs de ces comédiens à la misère. Ils demandèrent des secours au Prince Ferdinand, qui les leur accorda généreusement (81). Les autres se rendirent à Berlin et essayèrent de gagner un peu d'argent en jouant à l'ancien théâtre de la Comtesse Lichtenau. Ils réussirent quelque temps à y attirer des spectateurs. Frédéric-Guillaume III leur fit même l'honneur d'aller les entendre ; mais ce Prince, qui n'aimait pas notre littérature, déclara qu'il ne pouvait « s'accoutumer au genre français » et qu'il était désagréable de voir remplir des rôles de jeunes femmes par des actrices trop mûres et sans beauté (82).

Telle est, retracée avec tous les documents que nous avons pu réunir, l'histoire de la Comédie française de Rheinsberg. Les représentations du Cavalierhaus ne sauraient être comparées aux brillants spectacles de Schwetzingen ou de Potsdam, mais à coup sûr, aucun prince allemand ne montra pour notre théâtre un goût plus vif que le Prince Henry. Dans sa jeunesse, il joua nos chefs-d'œuvre avec passion, et, lorsqu'à la fin de sa vie, brouillé avec le Roi son neveu, il ne quitta plus sa résidence, applaudir ses poètes préférés fut une de ses plus douces consolations.

CHAPITRE II

LA COMÉDIE FRANÇAISE A LA COUR DU MARGRAVE FRÉDÉRIC DE BAYREUTH.

1747-1763 (1)

Un jour qu'on représentait à Bayreuth des tableaux vivants devant le Margrave Frédéric, la France, personnifiée par une jeune femme vêtue d'une robe fleurdelisée, s'offrit à l'admiration des spectateurs. Au-dessous du cadre doré qui entourait la gracieuse apparition, se lisait l'inscription suivante :

« Frankreichs Sprache, Zier und Witz
Hält an unserem Hofe Sitz (2).

Dès son avènement en effet, le Margrave Frédéric, qui aimait le faste et la dépense, avait introduit dans la Cour austère et modeste de son père (3) les élégances somptueuses de Versailles et de

Marly. Il admirait Louis XIV, et s'efforçait de l'imiter en toutes choses. Bâti comme un hercule, grand chasseur et rude cavalier, il s'étudiait à faire des grâces, adoptait nos manières, s'habillait d'après nos modes, parlait notre langue, qu'il avait apprise à l'Université de Genève, et poussait ses scrupules de copiste jusqu'à délaisser une épouse exquise pour des La Vallières et des Montespans. Dans de telles conditions, ce prince, bien que peu lettré, devait naturellement engager de nos comédiens à son service et mépriser les farces d'Hanswurst et d'Arlequin (4). Il avait d'ailleurs un goût assez vif pour le théâtre : si la tragédie ne l'émouvait guère, il s'amusait autant à la vingtième représentation d'une comédie qu'à la première. Il voulait qu'on partageât son plaisir ; aussi le spectacle était-il gratuit et ne commençait-on jamais avant que la salle fût entièrement remplie (5).

Nos artistes trouvaient en la Margrave Sophie-Wilhelmine une spectatrice plus apte à sentir la beauté des œuvres qu'ils interprétaient. On sait quelle femme intelligente et instruite était la sœur aînée du Grand Frédéric. Elevée par des réfugiés huguenots, elle avait étonné ses maîtres par son désir d'apprendre et par la rapidité de ses progrès. L'étude fut la seule distraction de sa triste jeunesse et, lorsqu'après avoir cru quatre fois devenir reine, elle finit par épouser un principicule incapable de l'apprécier, ce fut encore aux lettres et à la philosophie qu'elle demanda la consolation de ses déboires et de ses malheurs. Dans sa retraite de l'Ermitage, elle méditait, écrivait et lisait sans cesse, plaignant « l'infâme oisiveté

> De ces esprits sans goût, sans force et sans courage
> Qui meurent pleins de jours et n'ont point existé (6). »

Ses célèbres *Mémoires*, où des rancunes personnelles ont souvent dénaturé les faits, sont l'œuvre d'un écrivain de talent et d'un observateur avisé, qui excelle à tracer des portraits. Ses lettres à son frère et à Voltaire pétillent de malice et d'esprit. Quant à ses lectures, il suffit de parcourir les rayons de sa bibliothèque, qui ne se composait guère que de livres français, pour se rendre compte de leur prodigieuse variété. Elle passait de Descartes, de Pascal et de Bossuet aux interminables romans de La Calprenède et de Mlle de Scudéry ; la verve épicée de nos vieux conteurs ne la rebutait pas ; elle goûtait les poètes de la Pléiade comme les badinages élégants des Voiture, des La Fare et des Chaulieu. Mais de tous nos auteurs elle préférait à coup sûr nos tragiques et nos comiques, dont elle possédait une complète collection (7). Telle fut sa passion pour notre théâtre que durant son voyage aux eaux de Montpellier, en dépit de ses souffrances et de ses fatigues, elle ne manqua jamais d'aller entendre les comédiens des villes où elle s'arrêta (8). Se trouvant incognito à Francfort pendant les fêtes du couronnement de l'Empereur Charles VII, elle n'avait pas hésité à « se percher aux secondes loges » (9) d'une salle enfumée pour applaudir une troupe française (10). Enfin, non contente de faire représenter nos chefs-d'œuvre à sa cour, elle se plaisait à les interpréter elle-même. En 1743, lors d'un séjour du Roi de Prusse et de Voltaire à Bayreuth, Wilhelmine jouait le rôle de Roxane tandis que l'auteur de *Zaïre* « balbutiait » à ses côtés le personnage d'Acomat (11). Quelques années plus tard elle « histrionnait » encore : sa fille, la Princesse Elisabeth-Frédérique, et son gendre, le Duc Charles-Eugène de Würtemberg, lui donnaient la réplique dans *Sémiramis* et dans l'*Oreste et Pylade* de La Grange-Chancelle (12). On conçoit donc avec quel enthousiasme la Margrave de Bayreuth accueillit les acteurs engagés par son mari et quel prix ceux-ci attachèrent aux éloges d'un juge aussi qualifié.

Nous sommes malheureusement très mal renseignés sur les comédiens français qui jouèrent à Bayreuth de 1747 à 1763. Les Archives de cette ville, celles de Charlottenburg, de Nürnberg, de Bamberg et de Munich ne possèdent aucun document qui permette de retracer leur histoire. En revanche, les Almanachs de la Cour, dont nous avons pu réunir toute la série, à l'exception de l'année 1762, nous font connaître les tableaux de la troupe et le

personnel du corps de ballet. Comme à Mannheim et à Berlin, plusieurs acteurs de la Comédie française figuraient dans les divertissements de l'Opéra.

Voici ces tableaux :

FRANZÖSISCHE COMŒDIE

1747

Ober-Director :

S. T. Herr Theodore Marquis DE MONTPERNY, Cammer-Herr bey Ihro Königl. Hoheiten.

Cassirer und Aufseher : Herr Daniel HAUCHECORNE.

État de la Comédie

nach der Ancienneté.

MM. BLONDEVAL.	Mmes RAYMOND.
URIOT.	LE BRUN.
FIERVILLE.	MAISONCELLE.
MERVAL.	FLEURY.
FLEURY.	GARNIER *mère*.
GARNIER.	GARNIER *fille*.
DADER.	FROMENT DE BELLEVILLE.
CLAVAREAU.	
LE NOBLE.	

État de la Danse.

Maître de ballet : M. JASSINTE.
Premier danseur : GHERARDY.

Figurants : { DESFRAINES. GONTARD. GERHARD *fils*.

Premières danseuses : Mesd. Camargo et Jassinte.
Figurantes : Hyacinthe, Garnier *mère*.

Andere Personen so bey der Comœdie employiret :

Compositeur de musique des divertissements : M. Raymond.
Répétiteurs : MM. { Thomas.
{ Purschka.
Inspecteur de la garderobe : Herr Johann Limmer.
Introducteur au théâtre : M. Tarone.
Machiniste : Joseph Jeschke.
Porte-Pacquet : Johann-Georg-Ludwig Ankermann.

FRANZÖSISCHE COMŒDIE

1748

Ober-Director :

S. T. Herr Obrister Theodore Camille, Marquis de Montperny, Cammerherr bey Ihro Königl. Hoheiten.
Unter-Director : Herr Jean-Louis d'Ausin.
Comœdien-Schreiber und Aufseher : Herr Daniel Hauchecorne.

Etat de la Comédie

nach der Ancienneté.

MM. Blondeval.	Mmes Raymond.
Uriot.	Le Brun.
Fierville.	Maisoncelle.
Merval.	Fleury.
Fleury.	Froment.
Garnier.	Le Sage.
Dader.	La Plante.
Le Sage.	

Etat de la Danse

nach der Ancienneté.

Maîtres de Ballets : MM. JASSINTE et GHÉRARDY.

Danseurs.	*Danseuses.*
MM. RAIMOND.	Mmes CAMARGOT.
DESFRAINES.	JASSINTE.
GONTARD.	HYACINTE.
Franz SCHUMANN.	DESFRAINES.
DU PETIT.	Rosina BALBY.
BOYER.	Theresia KEYSLERIN.
PRIN.	PETIT.
	Anna FIORINA.
	GHÉRARDY.

Andere Personen so bey der Comœdie employiret :

Compositeur de la musique des divertissements : M. RAYMOND.

Répétiteurs : { THOMAS. PURSCHKA. GLASER. }

Inspecteur de la garderobe : M. LÉONARD.
Introducteur au théâtre : M. DE LA BORDE.
Machiniste : Joseph JESCHKE et Johann-Michael DRINZLER.
Porte-Pacquet : Johann-Ludwig ANKERMANN.

FRANZÖSISCHE COMŒDIE

1749

Ober-Director :

S. T. Herr Obrister Theodore Camille Marquis DE MONTPERNY, Oberbau-Director und Cammerherr bey Ihro Königl. Hoheiten.

Unter-Director : Herr Jean-Louis D'AUSIN.
Comœdien-Schreiber und Aufseher : Herr Daniel HAUCHECORNE.

Etat de la Comédie

nach der Ancienneté.

MM. Blondeval.
Uriot.
Fierville.
Merval.
Fleury.
Garnier.
Dader.
Le Sage.

Mmes Raymond.
Le Brun.
Fleury.
Froment.
Le Sage.
La Plante.

Etat de la Danse

nach der Ancienneté.

Maîtres de Ballets : MM. Jassinte et Gherardy.

Danseurs.

MM. Desfraines.
Gontard.
Franz Schumann.
Du Petit.
Foulque.
Blache.
Caplan.

Danseuses

Mmes Jassinte.
Rosina Balby.
Camargot.
Petit.
Anna Florina.
Desfraines.
Teissier.
Lochety.

Andere Personen so bey der Comœdie employiret :

Répétiteurs : { Thomas. Purschka. Glaser. }

Inspecteur de la garderobe : M. Léonard.
Castellan : M. Pierre Gout.
Introducteur au Théâtre : M. la Borde.
Porte-Pacquet : Johann-Ludwig Ankermann.

FRANZÖSISCHE COMŒDIE

1750

Ober-Director :

S. T. Herr Obrister Theodore Camille Marquis DE MONTPERNY, Oberbau-Director und Cammerherr bey Ihro Königl. Hoheiten.
Unter-Director : Herr Hofjunker Jean-Louis D'AUSIN.
Comœdien-Schreiber und Aufseher : Herr Daniel HAUCHECORNE.

Etat de la Comédie
nach der Ancienneté.

MM. BLONDEVAL.   Mmes MERVAL.
    URIOT.   LE BRUN.
    FIERVILLE.   FLEURY.
    MERVAL.   LE SAGE.
    FLEURY.   LA PLANTE.
    GARNIER.   LE SAGE *nièce*.
    LE SAGE.

Etat de la Danse
nach der Ancienneté.

Maîtres de Ballets et

Premiers Danseurs.   *Premières Danseuses.*
MM. JASSINTE.   Mmes JASSINTE.
    Franz SCHUMANN.   Rosina BALBY.
    BIGATTY.   Anna FIORINA.

Figurants.   *Figurantes.*
MM. DESFRAINES.   Mmes TEISSIER
    DU PETIT.   Frédérica RÖTHERN.
    BLACHE.   CURIONY.
    CAPLAN.   BIGATTY.
    CURIONI.   Marianne BIGATTY.

Andere Personen so bey der Comœdie employiret :

Répétiteurs : { Thomas. Hagen. Glaser. }

Inspecteur de la garderobe : M. Léonard.
Castellan : M. Pierre Gout.
Introducteur au théâtre : M. la Borde.
Porte-Pacquet : Johann-Ludwig Ankermann.

FRANZÖSISCHE COMŒDIE

1751

Ober-Director :

S. T. Herr Obrister Theodore Camille Marquis de Montperny, Oberbau-Director und Cammerherr bey Ihro Königl. Hoheiten.
Unter-Director : Herr Cammerjunker Jean-Louis d'Ausin.
Comœdien-Schreiber und Aufseher : Herr Daniel Hauchecorne.

Etat de la Comédie

nach der Ancienneté.

MM. Blondeval.	Mmes Merval.
Uriot.	Le Brun.
Fierville.	Fleury.
Merval.	Le Sage.
Fleury.	Uriot.
Le Sage.	Le Sage, *nièce.*
Loinville.	
Hurtaut d'Ancourt.	

Etat de la Danse
nach der Ancienneté.

Maîtres de Ballets et

Premiers Danseurs.   *Premières Danseuses.*
MM. Jassinte.   Mmes Jassinte.
    Franz Schumann.   Rosina Balby.
    Bigatty.   Anna Fiorina.

Figurants.   *Figurantes.*
MM. Du Petit.   Mmes Frédérica Röthern.
    Blache.   Curiony.
    Caplan.   Bigatty.
    Curiony.   Marianne Bigatty.
    Du Pré.   Krafftmeyern.
    Jean Mécourt.
    Carl Rusler.

Andere Personen so bey der Comœdie employiret :

Répétiteurs : { Thomas. Hagen. Glaser. }

Inspecteur de la Garderobe : M. Léonard.
Portier du Théâtre : Bauereisz.
Porte-Pacquet : Johann-Ludwig Ankermann.

FRANZÖSISCHE COMŒDIE

1752

Ober-Director :

S. T. Herr Obrister Theodore Camille Marquis de Montperny, Geheimer Rath, Oberbau-Director, Oberhofmeister bey Ihro Königl. Hoheiten, dann Ritter des Hochfürstlich-Brandenburgischen Adlerordens.

Unter-Director : Herr Cammerjunker Jean-Louis d'Ausin.
Comœdien-Schreiber und Aufseher : Herr Daniel Hauchecorne.

Etat de la Comédie

nach der Ancienneté.

MM. Blondeval.
    Uriot.
    Fierville.
    Merval.
    Fleury.
    Le Sage.
    Loinville.
    Hurtaut d'Ancourt.
    Jassinte.

Mmes Merval.
    Le Brun.
    Fleury.
    Le Sage.
    Uriot.
    Fierville.
    Jassinte.

Etat de la Danse

nach der Ancienneté.

Maîtres de Ballets et

Premiers Danseurs.   *Premières Danseuses.*

MM. Jassinte.
    Franz Schumann.
    Bigatty.

Mmes Jassinte.
    Rosina Balby.
    Anna Fiorina.

Figurants.   *Figurantes.*

MM. Du Petit.
    Blache.
    Caplan.
    Curiony.
    Du Pré.
    Franz Mécour.
    Carl Rusler.

Frédérica Röthern.
Curiony.
Bigatty.
Marianne Bigatty.
Lisette Krafftmeyern.
Du Petit.
Blondeval.

Andere Personen so bey der Comœdie employiret :

Répétiteurs : { Thomas. Hagen. Glaser. }

Inspecteur de la Garderobe : M. Léonard.
Porte-Pacquet : Johann-Georg-Ludwig Ankermann.
Portier de la Comédie : Michel Beson.

FRANZÖSISCHE COMŒDIE
1753

Ober-Director:

S. T. Herr Obrister Théodore Camille Marquis de Montperny, Geheimer Rath, Oberbau-Director, Oberhofmeister bey Ihro Königl. Hoheiten, dann Ritter des Hochfürstlich-Brandenburgischen Adlerordens.

Unter-Director: Herr Cammerjunker Jean-Louis d'Ausin.
Comœdien-Schreiber und Aufseher: Herr Daniel Hauchecorne.

Etat de la Comédie
nach der Ancienneté.

MM. Blondeval.	Mmes Merval..
Uriot.	Le Brun.
Fierville.	Fleury.
Merval.	Le Sage.
Fleury.	Uriot.
Le Sage.	Fierville.
Loinville.	Jassinte.
Jassinte.	

Etat de la Danse
nach der Ancienneté.

Maîtres de Ballets et

Premiers Danseurs.	*Premières Danseuses.*
MM. Jassinte.	Mmes Jassinte.
Franz Schumann.	Rosina Balby.
Bigatty.	Anna Fiorina.

Figurants.	*Figurantes.*
MM. Du Petit.	Mmes Frédérica Röthern.
Caplan.	Curiony.
Curiony.	Bigatty.
Du Pré.	Marianne Bigatty.
Franz Mécour.	Du Petit.
Carl Rusler.	Blondeval.

Andere Personen so bey der Comœdie employiret :

Répétiteurs : { Thomas, Hagen, Glaser.

Inspecteur de la Garderobe : M. Léonard.
Porte-Pacquet : Johann-Georg-Ludwig Ankermann.
Portier de la Comédie : Michel Beson.

FRANZÖSISCHE COMŒDIE

1754

Ober-Director :

S. T. Herr Obrister Théodore Camille Marquis de Montperny, Geheimer Rath, Oberbau-Director, Oberhofmeister bey Ihro Königl. Hoheiten, dann Ritter des Hochfürstlich-Brandenburgischen Adlerordens.

Unter-Director : Herr Cammerjunker Jean-Louis d'Ausin.
Comœdien-Schreiber und Aufseher : Herr Daniel Hauchecorne.

Etat de la Comédie

nach der Ancienneté.

MM. Blondeval.	Mmes Merval.
Uriot.	Le Brun.
Fierville.	Fleury.
Merval.	Le Sage.
Fleury.	Uriot.
Le Sage.	Fierville.
Loinville.	Jassinte.
Jassinte.	

Etat de la Danse

nach der Ancienneté.

Maîtres de Ballets et

Premiers Danseurs. *Premières Danseuses.*

MM. Jassinte.　　　　　Mmes Jassinte.
　　Franz Schumann.　　　　Rosina Balby.
　　Bigatty.

　Figurants.　　　　　　*Figurantes.*

MM. Du Petit.　　　　Mmes Frédérica Röthern.
　　Caplan.　　　　　　　　Curiony.
　　Curiony.　　　　　　　Bigatty.
　　Du Pré.　　　　　　　　Marianne Bigatty.
　　Franz Mécour.　　　　　Du Petit.
　　Carl Rusler.　　　　　Blondeval.
　　　　　　　　　　　　　Du Pré.

Andere Personen so bey der Comœdie employiret :

Répétiteurs : { Thomas. Hagen. Glaser. }

Inspecteur de la Garderobe : M. Léonard.
Porte-Pacquet : Johann-Georg-Ludwig Ankermann.
Portier de la Comédie : Michel Beson.

FRANZÖSISCHE COMŒDIE

1755

Director :

Herr Cammerjunker und Landschaftsrath Johann-Ludwig von Ausin.
Comœdien-Schreiber und Aufseher : Herr Daniel Hauchecorne.

Etat de la Comédie

nach der Ancienneté.

MM. Uriot.
    Fierville.
    Merval.
    Fleury.

Mmes Merval.
    Le Brun.
    Fleury.
    Uriot.
    Fierville.

Etat de la Danse

nach der Ancienneté.

Maîtres des Ballets et

Premiers Danseurs.   *Première Danseuse.*

MM. Franz Schumann.   Mme Rosina Balby.
    Bigatty.

Figurants.   *Figurantes.*

MM. Du Petit.   Frédérica Röthern.
    Caplan.   Bigatty.
    Du Pré.   Marianne Bigatty.
    Franz Mécour.   Du Petit.
    Carl Rusler.   Du Pré.
    Torcy.

Andere Personen so bey der Comœdie employiret:

Répétiteurs : { Thomas. Hagen. Glaser. }

Inspecteur de la Garderobe : M. Léonard.
Porte-Pacquet : Johann-Georg-Ludwig Ankermann.
Beyläufer : Johann Schulteis.
Portier de la Comédie : Michel Beson.

FRANZÖSISCHE COMŒDIE
1756

Director :

Herr Cammerjunker und Landschaftsrath Johann-Ludwig von Ausin.
Comœdien-Schreiber und Aufseher : Herr Daniel Hauchecorne

Etat de la Comédie
nach der Ancienneté.

MM. Uriot.	Mmes Merval.
Fierville.	Fleury.
Merval.	Uriot.
Fleury.	Fierville.
Loinville.	Garnier.
Chanfleur.	Plancheneau.
Drouin.	Drouin.

Etat de la Danse
nach der Ancienneté.

Maîtres de Ballets et

Premiers Danseurs.	*Premières Danseuses.*
MM. Fr. Schumann.	Mmes Rosina Balby.
Bigatty.	Bigatti.
Dupré.	Vanouk.

Figurants.	*Figurantes.*
MM. Dupetit.	Mmes Frédérica Röthern.
Caplan.	Bigatti.
Carl Rusler.	Dupetit.
Torci.	Dupré.
	Fiorentini.

Andere Personen so bey der Comœdie employiret :

Répétiteurs : { Thomas. Hagen. Glaser. }

Inspecteur de la Garderobe : M. LÉONARD.
Porte-Pacquet : Johann-Georg-Ludwig ANKERMANN.
Portier de la Comédie : Michel BESON.

FRANZÖSISCHE COMŒDIE
1757

Director :

Herr Cammerjunker und Landschaftsrath Johann-Ludwig von AUSIN.
Comœdien-Schreiber und Aufseher : Herr Samuel D'ASIMONT.

Etat de la Comédie
nach der Ancienneté.

MM. URIOT.	Mmes MERVAL.
FIERVILLE.	FLEURY.
MERVAL.	URIOT.
FLEURY.	FIERVILLE.
LOINVILLE.	GARNIER.
CHANFLEUR.	PLANCHENEAU.
DROUIN.	DROUIN.

Etat de la Danse
nach der Ancienneté.
Maîtres de Ballets et

Premiers Danseurs.	*Premières Danseuses.*
MM. Franz SCHUMANN.	Mmes Rosina BALBY.
BIGATTI.	Marianne BIGATTI.
DUPRÉ.	

Figurants.	*Figurantes.*
MM. DUPETIT.	Mmes Frédérica RÖTHERN.
CAPLAN.	BIGATTI.
Carl RUSLER.	DUPETIT.
TORCI.	DUPRÉ.
	FIORENTINI.

Andere Personen so bey der Comœdie employiret :

Répétiteurs : { Thomas.
Hagen.
Glaser. }

Inspecteur de la Garderobe : M. Léonard.
Porte-Pacquet : Johann-Georg-Ludwig Ankermann.
Portier de la Comédie : Michel Beson.

FRANZÖSISCHE COMŒDIE

1758

Director :

Herr Cammerherr und Landschaftsrath Johann-Ludwig von Ausin.
Comœdien-Schreiber und Aufseher : Herr Samuel d'Asimont.

Etat de la Comédie
nach der Ancienneté.

MM. Uriot.	Mmes Merval.
Fierville.	Fleury.
Merval.	Uriot.
Fleury.	Fierville.
Loinville.	Garnier.
Chanfleur.	Planchenault.
Drouin.	Drouin.
Valville.	

Etat de la Danse
nach der Ancienneté.

Maîtres de Ballets et

Premiers Danseurs.	*Premières Danseuses.*
MM. Fr. Schumann.	Mmes Rosina Balby.
Bigatti.	Marianne Bigatti.
Dupré.	

Figurants.	*Figurantes.*
MM. Dupetit.	Mmes Frédérica Röthern.
Caplan.	Bigatti.
Carl Rusler, *senior*.	Dupetit.
Carl Rusler, *junior*.	Dupré.
Romoli.	Fiorentini.
Rossi.	Malter.

Andere Personen so bey der Comœdie employiret :

Répétiteurs : { Thomas. Hagen. Glaser.

Inspecteur de la Garderobe : M. Léonard.
Porte-Pacquet : Johann-Georg-Ludwig Ankermann.
Concierge de la Comédie : Michel Beson.

FRANZÖSISCHE COMŒDIE

1759

Director :

Herr Cammerherr und Landschaftsrath Johann-Ludwig von Ausin.
Comœdien-Schreiber und Aufseher : Herr Samuel d'Asimont.

Etat de la Comédie

nach der Ancienneté.

MM. Uriot.	Mmes Merval.
Fierville.	Fleury.
Merval.	Uriot.
Fleury.	Fierville.
Loinville.	Garnier.
Chanfleur.	Planchenault.
Drouin.	Drouin.
Valville.	

Etat de la Danse

nach der Ancienneté.

Maîtres de Ballets et

Premiers Danseurs.	*Premières Danseuses.*
MM. Fr. Schumann. Bigatti. Dupré.	Mmes Rosina Balby. Marianne Bigatti.

Figurants.	*Figurantes.*
MM. Dupetit. Caplan. Carl Rusler, *senior*. Carl Rusler, *junior*. Romoli. Rossi.	Mmes Frederica Röthern. Bigatti. Dupetit. Dupré. Fiorentini. Malter.

Andere Personen so bey der Comœdie employiret :

Répétileurs : { Thomas. Hagen. Glaser.

Inspecteur de la Garderobe : M. Léonard.
Porte-Pacquet : Johann-Georg-Ludwig Ankermann.
Concierge de la Comédie : Michel Beson.

FRANZÖSISCHE COMŒDIE
1760

Director :

Herr Cammerherr und Landschaftsrath Johann-Ludwig von Ausin.
Comœdien-Schreiber und Aufseher : Herr Samuel d'Asimont.

Etat de la Comédie

nach der Ancienneté.

MM. MERVAL.
BEAUMONT.
LE NEVEU.
BRUNNEVAL.
VILLENEUVE.
FOURNIER.
BABRON.
CLAIRVILLE.

Mmes LE NEVEU.
PLANCHENAULT.
BEAUMONT.
BRUNNEVAL.
VILLENEUVE.
LEMOYNE.

Etat de la Danse

nach der Ancienneté.

Maîtres de Ballets et

Premiers Danseurs.
MM. Fr. SCHUMANN.
BIGATTI.

Premières Danseuses.
Mmes Rosina BALBY.
Marianne BIGATTI.
VANOUC.

Seconds Danseurs.
MM. RUSLER, *senior*.
ROMOLINO.

Secondes Danseuses.
Mmes GATELOIS.
SCHWABERIN, *l'aînée*.

Figurants.
MM. DUPETIT.
RUSLER, *junior*.
ROSSI.
COSTA.

Figurantes.
Mmes BIGATTI.
DUPETIT.
SCHWABERIN, *cadette*.

Andere Personen so bey der Comœdie employiret :

Répétiteurs : { THOMAS. HAGEN. GLASER. }

Inspecteur de la Garderobe : M. LÉONARD.
Concierge de la Comédie : Johann-Georg-Ludwig ANKERMANN.
Porte-Pacquet : Johann MULLER.

FRANZÖSISCHE COMŒDIE
1761

Director :

Herr Cammerherr und Landschaftsrath Johann-Ludwig von Ausin.
Comœdien-Schreiber und Aufseher : Herr Samuel d'Asimont.

Etat de la Comédie
nach der Ancienneté.

MM. Merval.	Mmes Le Neveu.
Beaumont.	Planchenault.
Le Neveu.	Beaumont.
Brunneval.	Brunneval.
Villeneuve.	Villeneuve.
Fournier.	Le Moyne.
Babron.	
d'Hercourt.	

Etat de la Danse
nach der Ancienneté.

Maîtres de Ballets et

Premiers Danseurs.	*Premières Danseuses.*
MM. Fr. Schumann.	Mmes Rosina Balby.
Bigatti.	Marianne Bigatti.
	Vanouc.

Seconds Danseurs.	*Secondes Danseuses.*
MM. Rusler *senior*.	Mmes Gatelois.
Romolino.	Schwaberin *l'aînée*.

Figurants.	*Figurantes.*
MM. Dupetit.	Mmes Bigatti.
Rusler *junior*.	Dupetit.
Rossi.	Schwaberin *cadette*.
Costa.	

Andere Personen so bey der Comœdie employiret :

Répétiteurs : { Thomas. Hagen. Glaser. }

Inspecteur de la Garderobe : M. Léonard.
Concierge de la Comédie : Johann-Georg-Ludwig Ankermann.
Porte-Pacquet : Johann Muller.

FRANZÖSISCHE COMŒDIE
1763

Director :

Herr Cammerherr und Landschaftsrath Johann-Ludwig von Ausin.
Comœdien-Schreiber und Aufseher : Herr Samüel d'Asimont.

Etat de la Comédie
nach der Ancienneté.

MM. Le Neveu.	Mmes Le Neveu.
Brunneval.	Brunneval.
Villeneuve.	Perin.
Barron.	Le Moyne.
Broquin.	Lulie.
	Carbonel.

Etat de la Danse
nach der Ancienneté.

Maîtres de Ballets et

Premiers Danseurs.	*Premières Danseuses.*
MM. Fr. Schumann.	Mmes Rosina Balby.
Bigatti.	Marianne Bigatti.
	Vanouc.

	Seconds Danseurs.	*Secondes Danseuses.*
MM.	Rusler *senior*.	Mmes Gatelois.
	Romolino.	Schwaberin *l'aînée*.

	Figurants.	*Figurantes.*
MM.	Dupetit.	Mmes Bigatti.
	Caplan.	Dupetit.
	Rusler *junior*.	Schwaberin.
	Rossi.	
	Vanouc.	

Andere Personen so bey der Comœdie employiret :

Répétiteurs : { Thomas. Hagen. Glaser. }

Inspecteur de la Garderobe : M. Léonard.
Concierge de la Comœdie : Johann-Georg-Ludwig Ankermann.
Portier : Abraham-Isaac Cosiang.
Porte-Pacquet : Johann Muller.

De ces acteurs, que dirigeait le Marquis de Montperny, le Chambellan et l'ami dévoué de la Margrave Sophie-Wilhelmine (13), nous ne savons guère que les noms.

Le château de Bayreuth (Neues Schloss) possède les portraits au pastel de Blondeval, de Merval, de Garnier, de Mlle Denise Lebrun, de Mme Fleury et de Mme Froment (14). Derrière les cadres de ces tableaux dont le coloris délicat et l'exécution un peu mièvre rappellent les Rosalba Carrieras de Dresde, se trouvent des notices manuscrites qui nous apprennent les emplois de ces différents artistes. Blondeval jouait « les seconds et les troisièmes rôles tant sérieux que comiques, les *paysans* et les *raisonneurs* » ; Merval, « les rôles de *père tendre*, les *raisonneurs*, les *confidents* et les *seconds comiques* » ; Garnier — un crispin joufflu, aux regards malicieux — « les *premiers comiques*, les marquis ridicules et les *Arlequins* » ; Mlle Denise Lebrun se faisait applaudir dans « les premiers et seconds rôles de comédie », dans « les *Sylvias* » et dans « *les paysannes* ». Mme Fleury remplissait « les premiers rôles tant sérieux que comiques » et Mme Froment ceux de *reines* et de *soubrettes*.

Lesage, qui tenait l'emploi des *pères nobles* et des *rois*, était fils d'Alain-René Lesage. Deux fils de l'auteur de *Turcaret*, on le sait, s'étaient faits comédiens malgré l'aversion que leur père avait pour les gens de théâtre. L'aîné, Lesage de Montmény, se distingua pendant quinze ans à la Comédie française dans les *manteaux* et dans les *paysans*. Le cadet, dont il s'agit ici, débuta sans succès à Paris, le 30 août 1741, par le rôle de Gustave Vasa. Le 2 décembre 1754, il tenta un nouvel essai dans *Mithridate*, mais ne parvint pas à obtenir les suffrages de la capitale (15). Il n'était pourtant pas sans talent, à en croire Collé, critique qu'on ne saurait soupçonner d'indulgence :

« C'est un sujet, écrivait le chansonnier, dont on aurait pu faire quelque chose si on lui eût montré et s'il ne s'étoit pas gâté en province. Il est assez bel homme, l'air noble, belle jambe, bien campé, une assez belle voix, surtout lorsqu'il veut bien la laisser sortir ; mais c'est un comédien sans intelligence et par là très froid. Il est d'ailleurs plein d'inflexions de province qui sont d'un ridicule outré dans la tragédie.

Comme il est le premier acteur de la troupe du prince de Bareuth qui étoit bien fâché de le perdre, il y a retourné sur-le-champ, indigné contre les Parisiens qui ne l'ont pas goûté ; il va retrouver ses bons Allemands qui, sans doute, le regardent comme un très joli Mithridate.

Il y a douze ou quatorze ans qu'il débuta ici avec peu de succès ; il eût même été reçu s'il eût voulu attendre qu'il vaquât une part ou une demi-part pour l'avoir à son rang ; mais il n'avoit rien pour vivre et il s'en alla.

J'ai ouï dire même que, sachant que le gentilhomme de la chambre avoit un ordre pour le retenir de force ici, cela l'avoit déterminé à passer en pays étranger et que c'est depuis ce temps qu'il est à la cour de Bareuth.

Quoi qu'il en soit, je suis fâché qu'il ait pris si tôt la mouche, je ne puis m'ôter de l'idée que l'on en eût pu faire quelque chose » (16).

Fleury, un jeune premier de belle prestance, avait également débuté à la Comédie française. Il y parut pour la première fois dans le rôle d'Achille (*Iphigénie*), le samedi 25 avril 1733; mais, plus heureux que Lesage, il fut reçu pour « les troisièmes rôles tragiques et pour les *amoureux* de comédie ». Il ne resta que trois ans à Paris ; on le congédia le 12 novembre 1736 avec cinq cents livres de pension (17).

Entre les répétitions, Joseph Uriot enseignait l'histoire et la langue française aux pages de la Cour (18) ; il eut même l'honneur de donner des leçons à la jeune Princesse Elisabeth-Frédérique (19). Nous le retrouverons à Stuttgart où il remplit les fonctions de lecteur et de bibliothécaire du Duc Charles-Eugène de Würtemberg. Broquin joignait au talent de comédien celui de pastelliste et de peintre sur émail (20); Dancourt et Fierville, on s'en souvient, appartinrent à la troupe de Berlin. Le premier, qui avait fait son apprentissage sous le nom d'Heurtaux au théâtre de la rue Traversière, excellait dans les *valets* et dans les *Arlequins* (21). Le second jouait avec talent les premiers rôles de tragédie (22). Quant à la Demoiselle Camargo dont le nom figure parmi les étoiles de la danse de 1747 à 1749, il est superflu de dire qu'il ne s'agit pas ici de la fameuse sylphide de notre Opéra (23).

A deux reprises, les comédiens du Margrave Frédéric donnèrent la réplique à d'illustres sociétaires, à Lekain et à Préville. Lekain se rendit à Bayreuth au printemps de l'année 1756. Nous ignorons dans quelles pièces il se fit applaudir, mais ce fut sans doute dans des œuvres de Voltaire, son poète préféré. Le grand artiste enthousiasma Wilhelmine, qui le récompensa richement et vanta ses talents à Frédéric II (24) ; malheureusement ce voyage en Allemagne, que les Gentilshommes de la Chambre n'avaient pas autorisé, valut au tragédien vingt et un jours de Fort-l'Evêque (25). Nous ne savons rien des spectacles donnés par Préville. Ils eurent lieu, croyons-nous, vers 1761. C'est du moins la date que porte une estampe « gravée et éditée à Bayreuth », où le célèbre comique est représenté en habit de laquais. Nous reproduisons ce curieux portrait dont l'Historicher Verein für Oberfranken possède le seul exemplaire connu.

Le Margrave Frédéric payait à ses comédiens des gages élevés, à en juger par les chiffres suivants que nous a transmis J.-G. Heinritz, un historien de Bayreuth :

Drouin et sa femme (nous ne connaissons pas ces artistes, qui étaient probablement parents de N. Drouin, l'acteur de la Comédie française) touchaient 7.000 florins.

M. et Mme Neveu recevaient 2.800 florins, plus une gratification annuelle de 400 florins ;

M. et Mme Bruneval :	2.200 florins.
M. et Mme Uriot :	1.600 florins.
M. et Mme Croisette :	1.200 florins.
Mme Le Moyne :	1.600 florins.
Villeneuve :	1.400 florins.
Babron :	1.200 florins.
D'Hercourt :	1.200 florins (26).

En 1748, on avait élevé pour la troupe française un petit théâtre dans le manège du château. Ce théâtre dont nous ne possédons aucune description fut démoli en 1761 (27). Lorsqu'il y avait de grandes fêtes à la Cour, nos comédiens donnaient leurs spectacles dans la superbe salle d'opéra construite par Joseph Galli-Bibiena (28). Ajoutons qu'ils durent jouer également sur la « scène antique » de l'Ermitage (29) et sur le théâtre de rocaille qui orne à Sans-Pareil la grotte de Calypso (30). Leur répertoire comprenait les meilleures pièces de la Comédie française et de la Comédie italienne. A l'occasion du mariage d'Elisabeth-Frédérique, ils représentèrent par exemple *Démocrite, le Grondeur, les Vacances, Polixène, la Gouvernante* et *le Jeu de l'Amour et du Hazard* (31). Trois ans plus tard, en 1741, ils donnaient en l'honneur du Prince Henry, qui était venu rendre visite à sa sœur aînée : *Mahomet II, Crispin rival de son maître, la Sérénade, Maximien, le Préjugé à la mode, Sémiramis* et *le Légat juré* (32).

La mort du Margrave Frédéric (26 février 1763) mit fin aux spectacles de la Cour. Son successeur, Frédéric-Christian, dont le piétisme étroit blâmait les plaisirs du théâtre, renvoya les comédiens français (33). D'ailleurs les dettes considérables laissées par le Prince défunt allaient obliger le nouveau Margrave à de sages économies (34).

CHAPITRE III

LE THÉATRE DE SOCIÉTÉ A LA COUR DE CHRISTIAN-FRÉDÉRIC-CHARLES-ALEXANDRE MARGRAVE D'ANSBACH (1)

Le Margrave Christian-Frédéric-Charles-Alexandre n'eut jamais de nos comédiens à son service ; mais son amie Lady Craven, qu'il devait épouser plus tard en secondes noces, créa à la Cour d'Ansbach un théâtre de société où l'on ne joua que des pièces françaises. Nous dirons donc quelques mots de cette petite scène, des œuvres qui y furent représentées et des artistes qui les firent applaudir.

Charles-Alexandre, comme son oncle le Grand Frédéric (2), eut pendant toute sa vie une prédilection marquée pour nos artistes (3) et pour nos écrivains. Elevé par une française, Mlle Senry, il parla notre langue dès ses premières années et la préféra toujours à la sienne. Il ne lisait que nos auteurs et était dans une profonde ignorance des productions littéraires de son pays : le pape Clément XIV lui apprit un jour, à son grand étonnement, que Peter

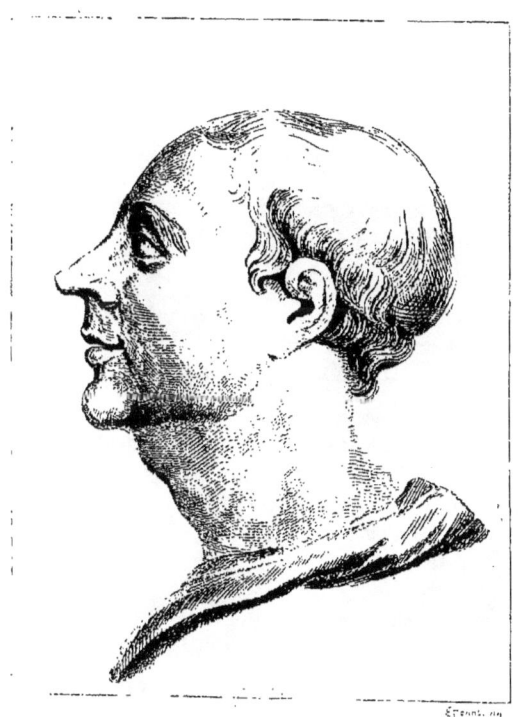

Uz, « l'Horace allemand », était né à Ansbach et habitait cette ville (4).

Après avoir étudié deux ans à l'université d'Utrecht, Charles-Alexandre compléta son éducation en visitant l'Angleterre, la Suisse et l'Italie. Ces voyages profitèrent grandement à son intelligence, mais beaucoup moins à sa santé. Dans les bras des Vénitiennes, il goûta des délices paradisiaques qui lui valurent « les tourments d'enfer » dont le docteur Pangloss était dévoré chez les Bulgares. Informé de sa conduite, son père le rappela sur-le-champ, le semonça vertement et fit envoyer au bagne le conseiller aulique chargé de surveiller le prince (5).

Pour achever de mettre son fils à la raison, le Margrave Charles-Guillaume lui fit épouser à l'âge de dix-huit ans Frédérique-Caroline de Saxe-Cobourg. Cette pâle et blonde princesse (on la comparait à un lis fané qui commence à jaunir (6)) souffrait d'un vice de conformation interne. Incapable d'être vivifiée par « aucune espèce de jouissance corporelle ou intellectuelle », elle passait ses jours étendue dans sa chambre à jouer au cribbage et à fabriquer du filet. Ce n'était certes pas l'épouse qui convenait à un jeune homme sensuel, plein d'ardeur et de vivacité ; aussi, à peine monté sur le trône et maître de ses actions, Charles-Alexandre s'empressa-t-il de fuir le plus possible une cour mortellement ennuyeuse et une femme qu'il ne pouvait aimer.

Paris devait forcément attirer ce prince à demi français. Il s'y rendait souvent ; et là, installé sous un nom d'emprunt dans un hôtel garni, n'ayant pour toute suite qu'un secrétaire et un domestique, il menait avec délices la vie d'un simple particulier. Il fréquentait les salons littéraires où ses connaissances variées, son esprit et son affabilité faisaient oublier la gaucherie de ses manières et sa tournure quelque peu ridicule. Il assistait aux séances de l'Académie, recherchait les peintres et les gens de lettres, se grisait avec des filles d'opéra et surtout suivait assidûment les spectacles de la Comédie française. Ce fut dans les coulisses de ce théâtre qu'il connut Mlle Clairon. Retirée de la scène, cette actrice, dont les ambitions et les regards se tournaient depuis longtemps vers l'étranger, rêvait, après avoir joué les reines de tragédie, de devenir la Maintenon ou la Pompadour d'une petite cour allemande. Charles-Alexandre, naïf et bon jusqu'à la faiblesse, lui parut être le mortel qui pourrait le mieux seconder ses projets. Il était facile à conquérir; la « divine Electre » y eut bientôt réussi. Fut-elle sa maîtresse, son amie, sa *bonne maman* comme elle le prétendait, sa *philosophe* comme le disait Voltaire ? Nous l'ignorons. Ce qui est certain, c'est que pendant treize ans elle régna à Ansbach, se mêla des affaires du royaume, conseilla et dirigea le Margrave, au grand mécontentement des ministres et des courtisans. Mais au comble de sa grandeur, Mlle Clairon fut supplantée par une rivale.

C'était une Anglaise de haute naissance que son mari Lord Craven avait lâchement abandonnée. Depuis lors, dans une course continuelle à travers l'Europe, elle avait parcouru l'Italie, l'Autriche, la Pologne, la Russie, la Grèce et la Turquie. Partout où elle avait passé, aux cours de Vienne, de Varsovie et de Pétersbourg, elle avait séduit par sa grâce et ses talents. Sa taille était élégante ; des yeux superbes éclairaient le pur ovale de son visage couronné de cheveux bruns. Elle parlait plusieurs langues, peignait et chantait à ravir, s'occupait de sciences et de littérature. Très instruite sans être pédante, elle savait quitter son écritoire et ses pinceaux pour broder au tambour ou pour suivre une chasse en amazone accomplie.

Le Margrave l'avait connue lorsqu'elle était enfant. Souvent il était allé la voir au Pavillon de la Joncière, à Saint-Germain, qu'elle avait habité après son départ d'Angleterre. Pendant un séjour qu'il faisait à Paris avec Mlle Clairon, Charles-Alexandre retrouva Lady Craven et la décida à venir se fixer à Ansbach.

Mlle Clairon n'avait pas tardé à s'apercevoir des visites que le Margrave rendait secrètement à la jeune femme. Elle voulut la connaître et questionna le Prince à son sujet ; mais ce dernier lui répondit « sur un ton ferme et froid » que « c'était une personne

qu'elle ne verrait jamais..... et qu'il aimait comme sa fille » (7). Peu satisfaite de ces explications, l'actrice fit faire le guet par « un de ses affidés » à la porte de l'*Hôtel de l'Empereur*, rue de Tournon, où logeait Lady Craven. A l'heure du dîner, cet homme vit sortir l'Anglaise en grande toilette et courut aussitôt avertir la tragédienne que l'étrangère « était belle et bien faite » (8). Mlle Clairon ne douta plus qu'elle eût une rivale, et, dans un mouvement de colère, écrivit à Charles-Alexandre la fameuse lettre de rupture qu'on lit dans ses *Mémoires* (9).

La présence de Lady Craven transforma la Cour d'Ansbach. La charmante jeune femme eut l'art d'animer par son esprit et son entrain cette résidence dont la conversation et le jeu avaient été jusqu'alors les seules distractions. Elle fonda une académie pour l' « encouragement des lettres et des sciences » (10); elle organisa des chasses et des parties de campagne au château de Triesdorf, où sur ses ordres on avait dessiné et planté un parc anglais. Enfin, comme le Prince aimait la comédie et avait même plusieurs fois désiré engager des acteurs à son service (11), elle créa un théâtre de société. Un ancien manège abandonné fut converti en salle de spectacle. Rien de plus primitif que ce local où des troupes de passage se font encore applaudir aujourd'hui. La scène est très petite et la salle, de forme rectangulaire, ne compte qu'un seul rang de loges. Lady Craven prit la direction de ce théâtre. « Je me mis à l'œuvre, nous dit-elle, et avec l'orchestre de la Cour dont les musiciens étaient les meilleurs que j'eusse jamais entendus, avec de jeunes nobles des deux sexes que je choisis pour acteurs, chanteurs et danseurs, et le secours du plus habile machiniste de l'Europe, nos représentations furent d'un effet si brillant et si agréable » que Charles-Alexandre et la Margrave n'en manquèrent jamais une seule (12).

La troupe d'Ansbach avait pour étoile sa propre directrice. Dès son enfance, Lady Craven avait témoigné un goût très vif pour l'art dramatique et l'avait toujours conservé (13). Non contente de composer des pièces, elle se plaisait à en représenter et s'en acquittait fort bien, au dire de ses admirateurs qui ne craignaient pas de la comparer à Mlle Clairon. Sa diction était nette et harmonieuse, ses gestes pleins de noblesse et de distinction; elle savait détailler un couplet, et la souplesse de son talent lui permettait de jouer les *reines*, les *coquettes*, les *paysannes* et les *travestis*. Nous savons peu de chose des comédiens amateurs qui l'entouraient. Chambellans, conseillers auliques, officiers et dames d'honneur, en un mot toutes les personnes de la Cour qui savaient le français, lui donnaient la réplique. Le gouverneur des pages, Etienne d'Asimont, remplissait les fonctions de régisseur, tenait l'emploi des *pères nobles* et des *manteaux*, et parfois, quand les actrices venaient à manquer, s'essayait dans..... les *soubrettes* et dans les *duègnes*. Le secrétaire de l'Académie, Mercier, excellait dans les *paysans*, le Vice-Grand-Maréchal de la Cour, M. de Fitzgerald, dans les *rois*, la comtesse d'Ahlefeld dans les *amoureuses*. Le jeune Keppel Craven, qui avait accompagné sa mère en Allemagne, remplissait avec succès les rôles d'enfants et d'*ingénues*.

Etienne d'Asimont fit imprimer en 1789 le répertoire du Théâtre d'Ansbach. Les deux premiers volumes de cette publication (les seuls qui parurent) comprenaient : *La Partie de chasse de Henri IV, Fanfan et Colas* (14), *La Folie*, opéra comique de la Comtesse d'Ahlefeld, trois comédies et deux ballets de Lady Craven. On avait ajouté au chef-d'œuvre de Collé des intermèdes en prose et quelques couplets assez jolis, comme celui-ci que Lucas à la fin de la pièce adressait au Margrave :

« Le plaisir est un Dieu folâtre
Qui nous rassemble sous sa loi ;
Avec ardeur sur ce théâtre,
Il a peint les traits d'un grand Roi !
 Voilà bien l'emblème
Du bon Prince qui règne ici ;
C'est lui qu'on chante, c'est lui qu'on aime :
C'est notre Henri, c'est notre Henri » (*bis*).

Les comédies de Lady Craven sont d'une rare platitude. Il fallait l'indulgence d'un public d'amis pour applaudir des berquinades aussi fades que *Nourjad* (15), *Abdoul* et *Le Déguisement* (16).

Voici les distributions de ces différents ouvrages telles que d'Asimont nous les a transmises :

La

Partie de chasse de Henri IV

Comédie en trois actes et en prose par M. Collé.

Personnages.	Acteurs.
HENRI IV, Roi de France.	*S. Excel. M. de Fitzgerald, Vice-Grand-Maréchal de la Cour.*
Le Duc de SULLY, son premier Ministre.	*M. le B. Louis de Woelwarth, Chambellan.*
Le Duc de BELLE-GARDE, Grand-Ecuyer.	*M. le B. Eichler d'Auritz, Chambellan.*
Le Marquis de CONCHINY, favori de la Reine.	*M. de Weitershausen, Officier des Gardes du Corps.*
Le Marquis de PRASLIN, Capitaine des Gardes.	*M. de Dieskau, Capitaine des Gardes du Corps.*
Différens Seigneurs de la Cour.	*Personnages muets.*
Deux Gardes du Corps.	
LA BRISÉE, \ Officiers des chasses de la forêt de Fontainebleau.	*M. de Rœder, Capitaine d'Infanterie.*
SAINT-JEAN, /	*M. de Freudenberg, Conseiller privé.*
Trois Pages de la Cour.	*Le premier, M. Keppel Craven, le second et le troisième, MM. d'Altenstein, Pages de la Cour.*
Michel RICHARD, dit MICHAU, Meunier à Lieursain.	*M. Mercier.*
RICHARD, fils de Michau, amoureux d'Agathe.	*M. de Crousaz.*

LES COMÉDIENS FRANÇAIS

Personnages.	Acteurs.
MARGOT, femme de Michau.	Son Excel. Madame la Comtesse d'Ahlefeld.
CATAU, fille de Michau, amoureuse de Lucas.	Milady Craven.
LUCAS, paysan de Lieursain, amoureux de Catau.	M. le B. Eichler d'Auritz, Officier des Houssards.
AGATHE, paysanne de Lieursain, amoureuse de Richard.	Mlle la B. Caroline de Schilling.
Un BUCHERON.	M. Asimont, Secrétaire de la Cour.
Un GARDE-CHASSE, demeurant à Lieursain.	M. d'Altenstein, Gentilhomme de la Cour.

Deux Braconniers.

Nourjad

Comédie en trois actes et en prose par Milady Craven.

Personnages.	Acteurs.
Le SULTAN.	M. le B. Eichler d'Auritz, Officier des Houssards.
NOURJAD, élevé par le Sultan, dont il est très aimé.	M. le B. Louis de Woelwarth, Chambellan.
ALI, au service de Nourjad.	M. de Freudenberg, Conseiller privé.
FATMÉ, femme de Nourjad.	Milady Craven.
MIRZA, } esclaves.	Mlle la B. Frédérique Eichler d'Auritz.
ZÉMIRE,	Mlle la B. Caroline de Schilling.
MIRZA, } en vieilles.	Mme la Comtesse de Platen.
ZÉMIRE,	Mme la Comtesse d'Ahlefeld.
UN GÉNIE.	Milady Craven.
SÉLIM, enfant de Nourjard et de Fatmé	M. Keppel Craven.

Personnages.	Acteurs.
CORASMIN.	M. le B. Charles de Gemingen.
UN OFFICIER du Sultan.	M. de Schirnding, Officier des Gardes.
Deux jeunes filles.	Mlles les B. Charlotte et Thérèse Eichler d'Auritz.
Suite du Sultan.	M. de Waldenfels, M. de Dangriesz, M. de Sekendorf et M. de Pœllnitz, Officiers d'Infanterie.

(Personnages muets.)

Nourjad et Fatmé

PRISONNIERS

Ballet en deux actes mêlé d'ariettes par Milady Craven.

Personnages.	Acteurs.
Le SULTAN, Saladin.	M. Asimont.
La SULTANE, favorite.	Mlle la B. Caroline de Schilling.
NOURJAD.	M. le B. Louis de Woelwarth, Chambellan.
FATMÉ.	Milady Craven.
SÉLIM, son fils.	M. Keppel Craven.
UN OFFICIER du Sultan.	M. de Freudenberg, Chambellan.
UN ESCLAVE du Sultan.	M. le Comte de Platen.
Quatre amis de Nourjad.	M. Guil. de Mardefeld, M. le B. Guil. d'Eichler, M. de Weitershausen, Chambellans; M. de Schirnding, Officier des Gardes.
Deux de leurs femmes.	Mme de Mardefeld et Mme de Gemingen, les jeures.
Suite du Sultan.	

Fanfan et Colas ou les Frères de lait

Comédie en un acte et en prose par Madame de Beaunoir.

Personnages.	Acteurs.
Madame DE FIERVAL.	Mme la Comtesse de Platen.
FANFAN, fils de Mme de Fierval.	Mlle la B. Charlotte de Schilling.
M. L'ABBÉ, Précepteur de Fanfan.	Son Excell. M. de Fitzgerald, Vice-Grand-Maréchal de la Cour.
PERRETTE, nourrice de Fanfan.	M. Asimont.
COLAS, fils de Perrette.	Milady Craven.
Mlle DUMONT, femme de chambre.	Mlle la B. Caroline de Schilling.
LA FLEUR, valet de Mme de Fierval.	M. le B. Charles Eichler d'Auritz, Lieutenant des Housards.
BLAISE, jardinier de Mme de Fierval.	M. de Freudenberg, Conseiller privé

Le Repentir des Vœux

Ballet en un acte mêlé d'ariettes par Milady Craven.

Personnages.	Acteurs.
LA GRAND'-PRÊTRESSE.	Son Excel. Mme la Comtesse d'Ahlefeld.
CHLOÉ, DAPHNÉ, Bergères.	Milady Craven. Mme de Mardefeld.
LICIDAS, MYRTIL, Bergers.	MM. les B. d'Eichler, le Chambellan et le Lieutenant des Housards.

Personnages.	Acteurs.
DEUX VESTALES.	Mlle la B. Frédérique d'Eichler et Mlle de Carlowitz.
L'AMOUR.	M. Keppel Craven.
L'HYMEN.	M. le Comte de Platen.

Quatre grandes Nymphes, quatre Faunes et plusieurs autres Nymphes.

Le Déguisement

Comédie en cinq actes et en prose par Milady Craven.

Personnages.	Acteurs.
DON JUAN, père de Rosella.	M. Asimont, Secrétaire de la Cour.
DON PHILIP, amant d'Hypolite.	M. de Crousaz, Assesseur de la Chambre aulique.
DON LOUIS, neveu de Don Juan.	M. de Schirnding, Capitaine des Gardes du Corps.
DON OCTAVIO, amant de Rosella.	M. le B. Eichler d'Auritz, Lieutenant des Houssards.
TRAPANTI, ancien domestique de Don Philip.	Son Excel. M. de Freudenberg, Conseiller privé.
CRASSO, domestique de Don Philip.	Son Excel. M. de Fitzgerald, Vice-Grand-Maréchal de la Cour.
HYPOLITE, sœur d'Octavio.	Milady Craven, Pairesse d'Angleterre.
ROSELLA, aimée de Don Octavio.	Mlle la B. Caroline de Schilling.
FLORE, suivante d'Hypolite.	Mme la Comtesse de Platen.
VILLETE, suivante de Rosella.	S. A. Mme la Comtesse d'Ahlefeld.
UN AUBERGISTE.	M. le Comte de Platen.
LE CORRÉGIDOR.	Le même.
Plusieurs Alguazils et Domestiques.	Personnages muets.

La scène se passe à Madrid.

La Folie ou quel Conte !

Opéra comique en deux actes et en prose, par la Comtesse d'Ahlefeld et diverses personnes de la société.

Personnages.	Acteurs.
La REINE des fées.	M. Keppel Craven.
La Fée DENTUE.	M. Asimont.
La Fée CRAPAUDINE.	S. A. Mme la Comtesse d'Ahlefeld.
DAPHNÉ, bergère.	Milady Craven.
ALÉXIS, berger.	M. de Crousaz.
ANGOULAFRE, géant, frère de Dentue.	S. E. M. de Freudenberg.
CROUPILLON, nain, frère de Crapaudine.	M. Edmé.
ALINE, URGELE, } deux jeunes fées.	Mlle Berkeley, l'aînée. Mlle Dufligny, femme de chambre de Milady.

Abdoul

Comédie en trois actes et en prose par Milady Craven

Personnages.	Acteurs.
Le Sultan HAROUN.	M. Asimont.
ABDOUL.	M. de Crousaz.
Le Grand-Vizir.	M. le Comte de Platen.
Le Ministre de la guerre.	M. de Schoenfeld.

Personnages.	Acteurs.
Le Ministre de la marine.	*M. de Setten.*
Le Ministre des finances.	*M. le B. de Creilsheim.*
Le Trésorier.	*M. de Falkenhausen.*
Un Tchoadar.	*M. le Chambellan B. d'Eichler.*
HASSAN, vieil esclave d'Abdoul.	*S. E. M. de Freudenberg.*
Le Kuslir Aga.	*M. le Chambellan de Schirnding.*
LA SULTANE.	*S. A. Mme la Comtesse d'Ahlefeld.*
ZOBÉIDE.	*Milady Craven.*
ZUTMÉ.	*Mlle la B. Charlotte de Schilling.*
DAÏÉDA.	*Mme la B. de Gemingen.*
ROXALINDE.	*Mme la B. Caroline de Schilling.*
ZULICA, jeune esclave de Zobéide.	*M. Keppel Craven.*
IPHRAIM, un juif.	*M. le Comte de Platen.*
ESTHER, sa femme.	*M. Asimont.*

Cortège du Sultan. — Cortège de la Sultane.

Les spectacles d'Ansbach cessèrent en 1790; ils avaient duré près de quatre ans.

L'année suivante, Charles-Alexandre, lassé du métier de souverain, abandonnait à la Couronne de Prusse son margraviat et celui de Bayreuth dont il avait hérité. Le 25 février 1791, la Princesse Frédérique-Caroline mourait à Schwaningen. Trois mois plus tard, son mari quittait la Franconie pour n'y plus revenir.

On sait qu'après avoir épousé Lady Craven à Lisbonne, Charles-Alexandre se rendit en Angleterre et qu'il mourut en 1806. Sa seconde femme lui survécut vingt-deux ans; elle employa la fin de sa vie à écrire des Mémoires où elle s'est peinte sous des couleurs un peu trop belles pour être toujours vraies.

NOTES ET CITATIONS

DES DOCUMENTS

CHAPITRE I

LA COMÉDIE FRANÇAISE A LA COUR DU PRINCE HENRY DE PRUSSE

(*1753-1802*).

(1) SOURCES : Kgl. Haus-Archiv (Charlottenburg) : Rep. 56. Texte und Festspielen und andere Vorstellungen auf des Prinzen Heinrich Theater zu Rheinsberg; Rep. 56. Acta betr. die Salarien und Pensions-Staats des Hofen des Prinzen Heinrich 1802-1803; Rep. 56. Acta betr. die Pensionirung des Hofstaats und der Dienerschaft des Prinzen Heinrich; Rep. 56. Vermischte Schriften religiösen, wissenchaftlichen, litterarischen, poetischen Inhaltes aus dem Nachlasse des Prinzen Heinrich von Preussen; Rep. 56. Briefwechsel des Prinzen Heinrich mit Ries, Grimm und verschiedenen. — K. K. Reckert : *Wintergemählde, — Chronic von Berlin oder Berlinsche Merkwürdigkeiten. Eine periodische Volkschrift, herausgegeben von Tlantlaquatlapatli.* — Frédéric II : *Correspondance* avec le Prince Henry. — Ossent :

Acht Jahre am Hofe des Prinzen Heinrich (1770-1778). Aus den Memoiren eines alten Franzosen (Ossent). Deutsch bearbeitet von Ernst Breest (*Der Bär.* Année 1881.)

A CONSULTER : Guyton de Morveau : *Vie privée d'un Prince célèbre ou détails des loisirs du Prince Henry de Prusse dans sa retraite de Rheinsberg;* Bouillé (Louis-Joseph-Amour de) : *Vie privée, politique et militaire du Prince Henry de Prusse;* Bulow : *Prinz Heinrich von Preussen. Kritische Geschichte seiner Feldzüge;* Thiébault (Dieudonné) : *Mes souvenirs de vingt ans de séjour à Berlin* (Tome II) ; Krauel (R.) : *Prinz Heinrich von Preuszen als Politiker; Prinz Heinrich von Preuszen in Rheinsberg (Hohenzollern-Jahrbuch* 1902); Hamilton (A.) : *Rheinsberg. Memorials of Frederick the great and Prince Henry of Prussia* (Tome II); Sainte-Beuve : *Causeries du lundi,* VIII. 467 ; X, 304; XII, 356-394; XIII, 407; Riedel (E.) : *Das Schauspielhaus in Rheinsberg. (Westermanns illustrierte deutsche Monatshefte.* Juin 1883) ; *Beschreibung des Lustschlosses und Gartens Sr. K. Hoheit des Prinzen Heinrich, Bruder des Königs, zu Rheinsberg, wie auch der Stadt und der Gegend;* Gottgetreu : *Führer durch Stadt, Schloss u. Park Rheinsberg.* Nous indiquerons en note les autres références.

(2) Frédéric-Guillaume I avait nommé le Prince Henry enseigne en 1738 et lieutenant l'année suivante. Frédéric II lui conféra le titre de colonel le 27 juin 1740.

(3) Cf. Lettre de Frédéric à la Margrave de Bayreuth, 30 juin 1752.

(4) Cf. Dieudonné Thiébault : *Op. cit.* II, 142.

(5) Lettre inédite citée par J. D. E. Preuss dans sa *Notice* sur la *Correspondance de Frédéric le Grand et du Prince Henry.* Ajoutons que le Prince Henry, qui se montra si cruellement injuste envers sa femme, fut loin d'être un modèle de constance et de fidélité. « Si l'hymen, écrit Guyton de Morveau, put pendant un temps lui faire bouder l'amour, on ne le vit pas moins rentrer de lui-même sous son empire et en revenir plus d'une fois couronné des myrthes qu'il y avait cueillis. » (Cf. *Vie privée... Op. cit.* p. 37.)

(6) Cf. Dieudonné Thiébault : *Op. cit.* II, 142 et suiv.

(7) Le Prince Henry composa plusieurs livrets d'opéra (*Les Péruviens, Titus, Le Marchand de Smyrne*) et la plupart des à-propos joués à Rheinsberg en l'honneur du Prince Ferdinand. Ces ouvrages, qui n'ont aucune valeur littéraire, n'ont jamais été imprimés. Les Archives de la maison royale en possèdent quelques-uns en manuscrit.

(8) Voir au sujet de ces représentations nos *Comédiens français à la Cour de Prusse* : Ch. II, p. 42 et 43.

(9) Cf. Lettre de Voltaire à Madame Denis, Berlin, 24 août 1750.

(10) Cf. Bouillé : *Op. cit.* p. 319.

(11) L'abbé de Francheville était fils d'un homme distingué, M. Dufrêne de Francheville, auteur de plusieurs ouvrages historiques fort estimés et doyen de l'Académie de Berlin. Voltaire logea chez lui lors de ses querelles avec Frédéric. A ce moment le fils de M. de Francheville venait de terminer ses études. « Il était joli garçon, avait un esprit vif et facile, un caractère honnête et aimable. » L'auteur de *Zaïre* se l'attacha comme secrétaire. Quand le poète quitta la Prusse, Francheville passa au service d'Auguste-Guillaume. A la mort de ce dernier, le jeune homme fut appelé à Rheinsberg en qualité de lecteur. Le Prince Henry, pour assurer son avenir, lui conseilla, puisqu'il était catholique, de se faire prêtre et lui promit un bénéfice en Silésie. Francheville quitta la Cour et passa un an au séminaire de Breslau. A son retour, raconte Dieudonné Thiébault, on voulut lui confier plusieurs rôles de tragédie. L'abbé fit observer qu'il lui était impossible de s'en charger sans être autorisé par son évêque et qu'il ne pouvait décemment demander lui-même cette autorisation. Le Prince Henry, qui prisait beaucoup le talent d'acteur de son protégé, écrivit au prélat et obtint la permission souhaitée.

Frédéric II, auquel Francheville avait dédié une traduction française d'un livre italien sur les dernières campagnes de Gustave-Adolphe, récompensa le lecteur de son frère en le nommant chanoine et curé de Glogau. L'abbé se fixa dans sa paroisse et y mourut. (Cf. Dieudonné Thiébault : *Op. cit.* II, 171 et suiv.).

(12) Auguste-Ferdinand de Prusse, quatrième fils de Frédéric-Guillaume I.

(13) Citons encore parmi les comédiens amateurs de Rheinsberg : le Prince Charles-Guillaume-Ferdinand de Brunswick, Madame de Marschall, dame d'honneur de la Princesse Wilhelmine, Messieurs de Podewill, de Boden, de Winterfeld, de Schulenburg, de Losch et d'Arensdorf.

(14) Cette salle, construite en 1766, se trouvait dans une dépendance de l'aile est du Cavalierhaus. On n'en possède pas de description. Elle était achevée au mois d'août. Des représentations y furent données pendant le séjour que la Princesse Amélie fit alors à Rheinsberg. (Cf. *Führer durch Stadt, Schloss u. Park Rheinsberg... Op cit.* p. 10.)

(15) Ce théâtre de verdure fut construit d'après les plans du Baron de Reisewitz, Intendant des bâtiments du Prince Henry. (Cf. *Beschreibung des Lustschlosses und des Gartens Seiner Kgl. Hoheit des Prinzen Heinrich... Op. cit.* p. 55.)

(16) Le manuscrit de *La Mort du Corbeau* se trouve aux Archives de la Maison royale. Rep. 56. Texte und Festspielen und andere Vorstellungen auf des Prinzen Heinrich Theater zu Rheinsberg. On lit en tête de la pièce : « Il faut une musique du diable pour servir de simphonie. »

(17) *Théâtre des Boulevards ou Recueil de Parades.* A Mahon (Paris). De l'Imprimerie de Gilles Langlois, à l'Enseigne de l'Etrille, 1756, 3 vol. in-12. Les parades de ce recueil sont de Collé, de Fagan, de Moncrif et de Piron.

(18) *Fêtes de Rheinsberg* || *pendant le séjour* || *de S. A. R^{le}* || *Madame la Princesse Amélie* || *de Prusse* || *sous le nom d'Astrée* || *Au mois d'août de l'an 1766.* Kgl. Haus Archiv. (Charlottenburg). Rep. 56. Texte und Festspielen und andere Vorstellungen auf des Prinzen Heinrich Theater zu Rheinsberg.

(19) Jean-Guillaume Mathis était élève de Benda. Il resta à la

Cour de Rheinsberg jusqu'à la mort du Prince Henri, qui l'avait nommé Concertmeister.

(20) Jean-Pierre Salomon remplit à Rheinsberg les fonctions de chef d'orchestre de 1764 à 1779. Il avait quatre cents thalers d'or d'appointement et recevait en plus « un habit neuf chaque année ». Cet artiste, célèbre par son talent sur le violon, appartenait à l'école de Haydn et partant était adversaire déclaré de Graun et de Quanz. Il passa plus tard en Angleterre, où il mourut après avoir acquis une grande réputation. Il fut enterré à l'abbaye de Westminster.

(21) Cet artiste épousa plus tard la célèbre cantatrice Schleming.

(22) George-Gottlieb Lehmann, excellent chanteur, fut plus tard organiste de l'église Saint-Nicolas à Berlin. Reclam était un des peintres attachés au service du Prince Henry.

(23) Ce ballet avait pour interprètes : Mrs. de Schulenburg, de Winterfeld, de Losch et Gobert (*Songes funestes*); Mrs. de Boden, de Kaphensk, de Kneselbeck, d'Arensdorf et Gobert *fils* (*Plaisirs et Songes agréables*).

(24) Nous ignorons de qui sont la musique et les paroles de cet opéra.

(25) La Princesse Amélie étudia la fugue et le contrepoint sous la direction du célèbre Kirnberger. Elle ne craignit pas de se mesurer avec Graun en mettant en musique *La Mort du Messie* de Ramler. Au dire des connaisseurs, ses compositions étaient pleines de verve et d'harmonie et d'un style impeccable.

(26) Nous ignorons quel était l'auteur de cette tragédie. Ce n'est pas l'œuvre de La Place dont il s'agit, car cette pièce n'a pas moins de dix-huit personnages.

(27) Ce ballet avait pour interprètes : Le Génie de Rheinsberg : M. de Boden *junior;* Sauvages : MM. Winterfeld et Gobert; Plaisirs et Jeux : Les pages de S. A. R.

(28) Parmi les divertissements offerts à la Princesse Amélie, signalons encore une fête champêtre, pendant laquelle des cavaliers

et des dames de la Cour dansèrent un branle en chantant ces couplets :

« Air : *Si le Roy m'avait donné...*

Dansons un branle nouveau,
Voici Dame Astrée !
Invitons sous ces ormeaux
Toute la contrée.
Qu'on se prenne par la main
Et qu'on chante ce refrain :
Voici Dame Astrée,
O gué !
Voici Dame Astrée !

Si quelqu'un vient à passer
Et qu'il nous demande
Qui nous fait si bien danser
Par troupe et par bande.
Qu'on se prenne par la main
Et qu'on chante ce refrain :
C'est Madam' Astrée,
O gué !
C'est Madam' Astrée !

A quelque sage en ce lieu
Si le sourcil fronce,
Et s'il condamnoit nos jeux,
Pour toute réponse,
Qu'on le prenne par la main
Et qu'on chante ce refrain :
Voici Dame Astrée,
O gué !
Voici Dame Astrée ! »

Les ménétriers étaient dirigés par le Prince Henry.
(29) Cet Ossent a laissé des *Mémoires* sur la Cour de Rheinsberg qui ont été publiés dans la Revue *Der Bär*, en 1881.

(30) La femme et le frère cadet d'Hortzyski appartinrent également à la troupe du Prince Henry.

(31) Madame de Brumore était la femme de Guyton de Morveau, l'auteur de la *Vie privée d'un Prince célèbre*. A en croire son mari, cette cantatrice, élève de Schulz, possédait « l'organe le plus touchant et la voix la plus pure. » A plusieurs reprises, elle refusa les offres de la Cour de Pologne et de théâtres italiens pour rester au service du Prince Henry. (Cf. *Vie privée... Op. cit.* p. 26.)

(32) Cf. nos *Comédiens français à la Cour de Prusse*, p. 53.

(33) François-Vincent Toussaint. Il naquit à Paris vers 1715. D'abord attaché à la doctrine janséniste, il se rapprocha du « parti philosophique ». Il aida Diderot à traduire le *Dictionnaire de médecine* de James et écrivit les articles de jurisprudence imprimés dans les deux premiers tomes de l'*Encyclopédie*. En 1748, il publia son livre des *Mœurs*, où se trouvait exposé un plan de morale naturelle, indépendante de toute croyance religieuse et de tout culte extérieur. Ce volume fut condamné par le Parlement et l'auteur dut s'enfuir à Bruxelles. Pendant plusieurs années, il y dirigea une gazette française toute dévouée aux intérêts de la Maison d'Autriche. Frédéric II, auquel plaisaient les idées de Toussaint, l'attira en Prusse et lui confia la chaire de logique et de rhétorique à l'Académie civile et militaire des jeunes gentilshommes. Le nouveau professeur s'acquitta fort médiocrement de sa tâche et mourut à Berlin en 1772. En plus des ouvrages cités, on a de lui : *Essai sur le rachat des rentes et des redevances*, Londres, 1751 ; *Histoire des passions et des aventures du chevalier Shroop*. La Haye, 1751. (Cf. D. Thiébault : *Op. cit.* V, 165.)

(34) Toussaint *fils* devint plus tard le lecteur du Prince Henry.

(35) Bilguer, qui avait épousé Mlle Toussaint, fit aussi partie de la troupe de Rheinsberg.

(36) Cf. *Vie privée... Op. cit.* p. 25.

(37) Nous savons peu de chose de ces représentations d'opéra. Elles passent pour avoir été fort brillantes. Les chefs-d'œuvre de Gluck, de Sacchini et de Piccini furent joués à Rheinsberg.

L'orchestre était composé en grande partie de personnes attachées au service de la Cour :

« Le prince Henry, écrit le Marquis de Bouillé, sut mettre à profit les dispositions innées des Allemands pour l'harmonie musicale ; il forma de la plupart des gens de sa livrée un orchestre, dont le nombre et l'exécution le mettaient à même de faire représenter les plus grands opéras avec un appareil et un ensemble auxquels les costumes et les décors contribuaient également. » (Cf. Bouillé : *Op. cit.* p. 148 et suiv.)

Ces musiciens amateurs furent successivement dirigés par Johan-Peter Salomon, par Abraham-Peter Schulz (1780), par Karl Possin (1787), par Christian Kalkbrenner (1790-1796) et par Wessely, qui resta à Rheinsberg jusqu'à la mort du Prince Henry. (Sur ces différents artistes voyez : Fétis : *Biographie universelle des musiciens et Bibliographie générale de la musique.*)

(38) Voici par ordre chronologique la liste de ces à-propos dont les manuscrits sont conservés aux Archives de la Maison royale. (Kgl. Haus Archiv. (Charlottenburg), Rep. 56. Texte und Festspielen und andere Vorstellungen auf des Prinzen Heinrich Theater zu Rheinsberg) :

1° A-propos pour l'anniversaire de la bataille de Freyberg :

Les || *Recruteurs* || Comédie Lyrique || A l'occasion de l'Anniversaire de la célèbre Journée || de || Freyberg || Pour être représentée sur le || Théâtre de Reinsberg || l'an || MDCCLXX.

La Discorde terrassée || *par* || *la Victoire* || Prologue || A l'occasion de l'Anniversaire || de la glorieuse Journée de Freyberg || célébré à Reinsberg || le 29 octobre 1774. || Musique de François Hortzyski.

L'Hôtellerie || Pièce en un acte || En prose avec des Ariettes || représentée avec une prologue intitulé *La Victoire du 29 octobre*. (Sans date.)

2° A-propos pour le jour de naissance du Prince Ferdinand :

La || *Dette des Muses* || Divertissement || en musique || servant de Prologue à la comédie intitulée || *La Vie est un songe* ||

Donné à Reinsberg le 18 de septembre 1777 || pour célébrer à la fois l'Auguste aspect et || la Fête de la Naissance de S. A. R^{le} Mgr. || Le Prince Ferdinand de Prusse || Frère du Roi. ||

Le Temple de l'Amitié || Prologue || Représenté le 23 may 1788 || pour le jour de naissance de S. A. R. Monseigneur || le Prince Ferdinand. ||

L'Heureuse journée || Prologue pour le jour de naissance de S. A. R. le Prince Ferdinand. || 1792.

L'Heureux village de Schlagentin || Prologue || pour le jour de naissance de S. A. R. le Prince Ferdinand. || Année 1794.

Prologue || *sans Prologue.* || 1795 ||. Ce prologue précédait un opéra intitulé : *Pertharide et Roselinde*. (Musique de Hortzyski.)

La Fête de l'Amour || Prologue || pour le jour de naissance de S. A. R. le Prince Ferdinand. || 23 may 1797. || Ce prologue précédait *Diane et Endymion*, l'opéra de Liroux et Piccini.

Prologue || pour le jour de naissance de S. A. R. Monseigneur le Prince Ferdinand. || 23 may 1799. ||

Momus || Prologue || pour le jour de naissance de S. A. R. || Le Prince Ferdinand || le 23 juillet || 1800. ||

Les Vœux || Prologue || pour le jour de naissance de S. A. R. || Ferdinand || Le 23 de may 1801. ||

Ajoutons à ces prologues l'à-propos suivant :

L'Heureuse convalescence || suivie de || *L'offrande à Esculape* || Pièce pour la convalescence du Prince Ferdinand || 5 septembre 1798.

3° A-propos pour la fête et pour le jour de naissance du Prince Henry :

Le Bouquet || Petit opéra comique || pour être exécuté à la fête de Son Altesse Royale || Monseigneur le Prince Henry || Le 12 juillet 1770 || Sur le Théâtre de Rheinsberg. ||

L'Espoir de Minerve || Divertissement Héroï-comique || par M. de Boufflers || joué le 18 janvier 1792 pour le jour de naissance de S. A. R. Monseigneur le Prince Henry.

La Veillée des Réfugiés || *françois* || *à Rheinsberg* || *le 18 janvier 1726* || Prologue pour le jour de naissance de S. A. R. || Mgr. le Prince Henry par Mme de Boufflers.

En plus de ces à-propos représentés au Théâtre de Rheinsberg, signalons encore trois pièces composées en l'honneur du Prince Henry :

1° *Le Projet*, comédie en un acte de Dieudonné Thiébault jouée en 1773, le jour de naissance du Prince, à Berlin, chez Madame du Troussel. (Cf. Dieudonné Thiébault : *Op. cit.* II, 190.)

2° *Les* || *Vœux accomplis* || Prologue représenté au château || de Friedrichfelds* au mois de décembre 1777 || pour célébrer la convalescence de S. A. R. || Monseigneur le Prince Henry de Prusse. || De la composition de Mr. Le Bauld de Nans || Acteur et Régisseur actuel de la troupe du Roy. || (Kgl. Haus-Archiv. (Charlottenburg). Rep. 56.)

3° *L'Image chérie d'un Héros* || *ou* || *l'Impromptu de Belle-Vue*, comédie en un acte || Par || J. J. A. de Sarrauton || Gouverneur des Pages. || 1800. ||

Un bibliophile berlinois, M. E. Frensdorff, possède le manuscrit de cette pièce, qui ne paraît pas avoir été représentée.

(39) La reine Ulrique de Suède, sœur du Prince Henry, vint à Rheinsberg avec sa fille Sophie-Albertine, le Prince Ferdinand de Prusse, les deux Princes de Brunswick et la Princesse Philippine de Schwedt. En souvenir de cette visite, le Prince Henry fit élever un Temple à l'Amitié dans les jardins du château.

(40) Les Archives de la Maison royale possèdent le manuscrit du livret de *Psyché*. Cette tragédie lyrique avait été représentée pour la première fois en 1770. Les auteurs des paroles et de la partition nous sont inconnus.

(41) Ce bas-relief fut exécuté par le peintre Rosembert d'après un dessin de Gagliari. (Cf. *Beschreibung des Lustschlosses... Op. cit.* p. 37.)

(42) Le cadre n'a que 7 mètres 75 de large.

* Résidence du Prince Ferdinand de Prusse.

(43) Cf. nos *Comédiens français à la Cour de Prusse*, p. 54 et suiv.

(44) Ajoutons que le Prince Henry fit une pension à la veuve et aux enfants de Blainville. (Cf. *Vie privée... Op. cit.* p. 22.)

(45) Sur ces différents artistes, voyez nos *Comédiens français à la Cour de Prusse*, p. 56, 59, 60 et 61. A en croire Guyton de Morveau (*Vie privée... Op. cit.*), Mlle Fleury, qui était la maîtresse de M. de Kaphensk, fut aussi celle du Prince Henry. En tout cas, ce dernier prodiguait ses faveurs à la charmante actrice. Elle était la reine des soupers de Rheinsberg et amusait tous les convives par sa verve railleuse et polissonne. Le Prince ne dédaignait pas de lui donner la réplique : « J'ai joué avec elle *Œdipe* et *Zaïre*, écrivait-il à la Reine de Suède le 5 décembre 1772. Elle a donné *Sémiramis*, que j'ai vu représenter et qu'elle joue dans la perfection. » (Cf. Ossent : *Op. cit.* et *Lettres du Prince Henry à la Reine Louise-Ulrique, à Gustave III et à la Princesse Sophie-Albertine de Suède*, publiées par R. Krauel. *Forschungen zur Brandenburgischen und Preuszischen Geschichte*. Sechzehnter Band, p. 207 et suiv.)

(46) Nous ne connaissons pas l'auteur de cette tragi-comédie.

(47) Cf. K. Reckert : *Wintergemählde*. Berlin, gedruckt bey G. L. Winters Wittwe, 1778, p. 129 et suiv.

(48) Cf. Ibid. p. 135.

(49) Cf. *Le Retour du Prince Henri, frère du Roi, à Rheinsberg*. Berlin. De l'Imprimerie Louis-Philippe Wegner, 1784, p. 5 et 6.

(50) Cf. nos *Comédiens français à la Cour de Prusse*, p. 53, 55, 59 et 60.

(51) Les frères Le Bauld joignaient au talent de comédien celui de chanteur. On les applaudit dans *Pertharide et Roselinde*, l'opéra d'Hortzyski. L'aîné se retira de la scène en 1797 avec une pension de 200 thalers. Le Prince Henry lui fit obtenir la place de « Receveur des accises à la Porte de Prague ».

(52) Mr. et Mme Suin appartinrent à la troupe française de Cassel de 1778 à 1785. Au théâtre de cette ville, Mme Suin jouait les *amoureuses* dans la comédie et les seconds rôles dans l'opéra

comique. Son mari tenait l'emploi des *grimes* et des *deuxièmes basses*. (Cf. *Taschenbuch für die Schaubühne*. Gotha, bey Carl Wilhelm Ettinger. Années 1778 et suiv.)

(53) Mademoiselle Aurore, la *prima dona* de Rheinsberg, se piquait de littérature et « taquinait la muse » à ses heures de loisir. Voici des vers qu'elle adressa au Prince Henry :

> « Ces lieux sont embellis d'une clarté nouvelle :
> L'astre du Nord, Henri, vient les parer.
> Ennuis, tristesse, fruits d'une absence cruelle,
> Fuyez à son aspect qui vient tout réparer.
> Pour charmer ses loisirs, venez, Muses et Grâces,
> Beaux-Arts, ornemens de sa Cour ;
> Du plus grand des héros ne quittez point les traces.
> Après sa gloire, ici brillez à votre tour.
> Volez, volez, talens, lui porter votre hommage ;
> Pour le fixer enfin, redoublez vos efforts.
> C'est le plus beau de tous les sorts
> Que de mériter son suffrage. »

(Vers de Mlle Aurore, actrice de l'Opéra, au Prince Henry. Kgl. Haus-Archiv. Rep. 56. Vermischte Schriften religiösen, wissenschaftlichen, litterarischen, poetischen Inhaltes aus dem Nachlasse des Prinzen Heinrich von Preussen.)

(54) Cet acteur est sans doute le Dainville qui appartint à la troupe du sieur Hamon. (Cf. nos *Comédiens français à la Cour de Prusse*, p. 53.) Il resta vingt-deux ans au théâtre de Rheinsberg et se retira avec une pension de 200 thalers. Après la mort du Prince Henry, cette pension ne lui fut plus régulièrement payée, comme le prouve la lettre suivante qu'il adressa à Frédéric-Guillaume III :

« C'est un infortuné qui ose prandre la liberté de s'adresser à VOTRE MAJESTÉ. Voilà dix-huit mois que je suis dans un lit, malade. Lorsque j'ai quitté le service du Prince Henry, j'ai cru que l'aire de mon péy me feroit du bien, mais je me suis trompé. Après vingt-deux ans de service chez le Prince Henry, il me fit une petite pension. Voilà un an que je ne l'ai pas touché et j'en ai le plus grand besoin. On m'écrit de Berlin que j'étois sur la liste de ceux que le Prince Henri avoit recommandé à VOTRE MAJESTÉ. J'ai cette pension par écrit. VOTRE MAJESTÉ peut s'en faire informer pres du Directeur de la Chambre du Prince, au pres de M. Toussaint son lecteur, qui m'en a envoié l'assurance de la part du Prince Henri. Ma situation est affreuse, je ne puis me servir n'y de mes jambes ni de mes mains.

Cy VOTRE MAJESTÉ deignait me faire honnorer d'un mot de réponce, elle mettroit le comble à cette bonté qui la caractérise et lui assure le cœur de tous ceux qui ont le bonheur de vivre sous ses Loix.

Je suis
   SIRE,
      Le plus humble et le plus infortuné de vos serviteur,
            DINVILLE.

Mon adresse est chez M. Doazan, place Saint-Jan,

  A Valenciennes.
      De Valenciennes, le 4 février 1803. »

(Kgl. Haus-Archiv. (Charlottenburg). Rep. 56. Acta betr. die Pensionnirung des Hofstaats und der Dienerschaft des Prinzen Heinrich.)

(55) Delille fit partie de la troupe française de Cassel de 1779 à 1785. Il tint d'abord au théâtre de cette ville l'emploi des *seconds amoureux*; à partir de 1784, il y joua les premiers rôles de comédie et d'opéra comique. (Cf. *Taschenbuch für die Schaubühne... Op. cit.* Années 1779 et suiv.)

(56) Comédie en un acte d'Alexandre-Louis-Bertrand Beaunoir (1781). Le héros de cette pièce, Jérôme Pointu, qu'on retrouve dans plusieurs autres ouvrages du même auteur, fut avec Mme Angot un des types les plus populaires du théâtre des boulevards. A en croire Diderot, on quittait *Tartuffe* et le *Misanthrope* « pour courir à Jérôme Pointu ». (Cf. *Est-il bon, est-il méchant ?*)

(57) *Le Jugement d'Apollon et de Pan par Midas*, op. com. en un acte de La Font. Foire Saint-Laurent, 1721.

(58) Op. com. en un acte, paroles de Sedaine, musique de Philidor. Foire Saint-Germain, 1761.

(59) *Atys*, tragédie lyrique en 5 actes de Quinault, musique de Lulli (1676). *Atys* fut réduit en trois actes par Marmontel en 1780. Piccini écrivit la partition de ce nouveau livret.

(60) *L'Obstacle imprévu ou l'Obstacle sans obstacle*, comédie en cinq actes, en prose, de Destouches (1777).

(61) Ces mots : « Plus bas, plus bas, bourgeoise ! Honneur aux armes !... Victoria ! Victoria ! » ne se trouvent pas dans le texte de Dancourt. (Cf. *Le Chevalier à la mode*, V, 3.) Etait-ce une tradition de les ajouter ?

(62) Comédie en un acte d'Anseaume, musique de Grétry. Italiens, 1769.

(63) Cf. *Fête pour l'arrivée* || *du Roi* || *à Reinsberg* || *Le 28 septembre 1789* || . (Kgl. Aus-Archiv.(Charlottenburg). Rep. 56. Texte und Festspielen und andere Vorstellungen auf des Prinzen Heinrich Theater zu Rheinsberg.}

(64) Cf. *Chronic von Berlin oder Berlinsche Merkwürdigkeiten. Eine periodische Volkschrift, herausgegeben von Tlantlaquatlapatli.* N° du 24 octobre 1789.

(65) Parmi les émigrés que le Prince Henry accueillit à sa Cour, citons l'historien Sénac de Meilhan, M. et Mme Geoffroy, le maréchal de Bassompierre et l'abbé Baron.

(66) Le chevalier de Boufflers arriva à Rheinsberg en janvier 1792. Il épousa la Comtesse de Sabran à Breslau en 1793.

(67) Pendant ses séjours à Paris en 1784 et en 1789, le Prince Henry avait été un hôte assidu de l'hôtel de Sabran, où, à plusieurs reprises, des spectacles furent donnés en son honneur.

Un jour, raconte Grimm, que l'on représentait *Castor et Pollux*, l'opéra de Rameau, le Prince « avait à côté de lui le fils de Mme de Sabran et s'amusait beaucoup de la curiosité avec laquelle cet enfant suivait le spectacle. — Mais, qu'est-ce donc que Castor et Pollux ? — Ce sont deux jumeaux. — Et qu'appelle-t-on des jumeaux ? — Ce sont des enfants sortis du même œuf. — D'un œuf !

— Et vous-même, vous êtes sorti d'un œuf... Tandis que l'enfant demeurait fort étonné d'une origine si merveilleuse, M. de Boufflers lui souffla bien vite l'impromptu que voici :

> Ma naissance n'a rien de neuf,
> J'ai suivi la commune règle,
> Mais c'est vous qui sortez d'un œuf,
>   Car vous êtes un aigle. »

(Cf. Grimm : *Correspondance littéraire.* Octobre 1784.)

(68) A la fin de la pièce, une estafette vient annoncer la naissance du Prince Henry aux réfugiés français de Rheinsberg. Le magister du village braque une lunette sur le ciel étoilé et tire l'horoscope suivant du nouveau-né :

> « Sur le ciel ma vue attachée
> Trouve plusieurs traits, et je crois
> Que notre Reine est accouchée
> De plusieurs enfans à la fois.
> Ange de paix, foudre de guerre,
> Esprit, talens, graces, travaux,
> Offrent à mes yeux de quoi faire
> Plus d'un sage et plus d'un héros.
>
> Je vois une bonté touchante
> A qui tous les humains sont chers
> Et qui ne peut être contente
> Que du bonheur de l'univers.
> D'un palais dans une chaumière
> Je vois qu'il passe avec plaisir,
> Et pour ce vrai dieu tutélaire
> Consoler vaut mieux que jouir.
>
> Je vois la raison éclairée
> Par l'étude et par les vertus.
> Aux combats je vois Briarée,
> Dans les conseils je vois Argus.

Ce cœur si fier est aussi tendre.
Dans chaque homme il cherche un ami,
Et vers eux ne pouvant descendre,
Il les élève jusqu'à lui. »

(69) Eléazar de Sabran avait composé cette tragédie à l'âge de quinze ans. Elle fut représentée avec succès dans plusieurs salons parisiens, mais son auteur ne la jugea pas digne de l'impression.

(70) Le Prince Henry fut enterré dans le parc de Rheinsberg. Sur son tombeau se lit l'épitaphe suivante qu'il avait composée lui-même :

« Jetté par sa naissance dans ce tourbillon de vaine fumée
Que le vulgaire appelle
Gloire et grandeur,
Mais dont le sage connaît le néant ;
En proie à tous les maux de l'humanité ;
Tourmenté par les passions des autres,
Agité par les siennes ;
Souvent exposé à la calomnie ;
En but à l'injustice ;
Et accablé même par la perte
De parents chéris,
D'amis sûrs et fidèles ;
Mais aussi, souvent consolé par l'amitié ;
Heureux dans le recueillement de ses pensées,
Plus heureux
Quand ses services purent être utiles à la patrie
Ou à l'humanité souffrante :
Tel est l'abrégé de la vie de
FRÉDÉRIC-HENRI-LOUIS
Fils de Frédéric-Guillaume, roi de Prusse
et de Sophie-Dorothée,
Fille de George Ier, roi de Grande Bretagne.
Passant,
Souviens-toi que la perfection n'est point sur la terre.
Si je n'ai pu être le meilleur des hommes,
Je ne suis point au nombre des méchants ;

> L'éloge ou le blâme
> Ne touchent plus celui
> Qui repose dans l'éternité,
> Mais la douce espérance
> Embellit les derniers moments
> De celui qui remplit ses devoirs.
> Elle m'accompagne en mourant.
> Né le 18 janvier 1726.
> Décédé le 3 août 1802. »

(71) Voici la traduction de ces comptes qui sont conservés aux Archives de la Maison royale :

« 1° MADAME BUTTOS. 1200 thalers.

Logis gratuit ; 22 voies de bois ; 24200 morceaux de tourbe ; une chandelle et deux bougies par jour. Engagée jusqu'au 1ᵉʳ mars 1803. A son départ, 30 frédérics d'or pour ses frais de voyage.

2° MADAME MONROSE. 600 thalers.

Logis gratuit ; 21 1/4 voies de bois ; 23375 morceaux de tourbe ; une chandelle et une bougie par jour. Engagée jusqu'au 1ᵉʳ mars 1803. 25 louis neufs pour ses frais de voyage.

3° MADAME BERTEAS. 900 thalers plus une gratification de 150 thalers.

Logis gratuit ; 12 voies de bois ; 13200 morceaux de tourbe ; une bougie et une chandelle par jour. Engagée jusqu'à Pâques 1803. 100 frédérics d'or pour ses frais de voyage. Elle en a déjà reçu 50.

4° MADAME LIBORON. 260 thalers plus une gratification de 100 thalers.

Logis gratuit ; 6 voies de bois ; 4400 morceaux de tourbe ; une bougie et une chandelle par jour. Engagée jusqu'en juin 1802. Son engagement n'a pas été renouvelé parce que, sur la promesse du Prince, sa pension doit lui être conservée toute sa vie.

5° MADAME VALDUS. 1200 thalers.

Logis gratuit, 8 1/2 voies de bois ; 9350 morceaux de tourbe ; une chandelle et une bougie par jour. Engagée jusqu'au 1ᵉʳ avril 1803. 40 frédérics d'or pour ses frais de voyage.

6° Mˡˡᵉ JANNE. 400 thalers.

7° MADAME TOURELLE. 250 thalers plus une gratification de 100 thalers.

Engagée jusqu'au 1ᵉʳ avril 1803.

8° MADAME PAULISCH. 200 thalers plus une gratification de 50 thalers.

Engagée jusqu'au 1er avril 1803.

9° MADAME HORTZYSKI. 120 thalers.

Pas d'engagement.

10° MADAME RIEGEL. 60 thalers.

Pas d'engagement.

11° MONSIEUR CALAIS PÈRE. 800 thalers.

Logis gratuit; 7 1/4 voies de bois; 7975 morceaux de tourbe; une bougie et une chandelle par jour. Engagé jusqu'au 1er avril 1803. 30 frédérics d'or pour ses frais de voyage.

12° CALAIS FILS. 600 thalers plus une gratification de 200 thalers.

Logis gratuit; 7 voies de bois; 7700 morceaux de tourbe; une bougie et une chandelle par jour. Engagé jusqu'au 1er avril 1803, 30 frédérics d'or pour ses frais de voyage.

13° PEROU. 600 thalers plus une gratification de 200 thalers.

Logis gratuit; 7 voies de bois; 7700 morceaux de tourbe; une bougie et une chandelle par jour. Engagé jusqu'au 1er avril 1803. 25 frédérics d'or pour ses frais de voyage.

14° DAINVILLE. Pension de 200 thalers.

Il reçoit cette pension par ordre du Prince, on la lui envoie à Dijon.

15° JAILLOT. 800 thalers.

Logis gratuit; 7 1/4 voies de bois; 7975 morceaux de tourbe; une bougie et une chandelle par jour. Engagé jusqu'au 1er avril 1803. 32 frédérics d'or pour ses frais de voyage.

16° DELISLE. 900 thalers.

Logis gratuit. Du bois; une bougie et une chandelle par jour. Engagé jusqu'au 1er avril 1803. 50 frédérics d'or pour ses frais de voyage.

17° DELISLE CADET. 800 thalers.

Logis gratuit; 7 voies de bois; 7975 morceaux de tourbe; une bougie et une chandelle par jour. Engagé jusqu'au 1er mars 1803. 50 frédérics d'or pour ses frais de voyage.

18° MONSIEUR JANNE. 800 thalers.

Logis gratuit. Du bois; une bougie et une chandelle par jour. Engagé jusqu'au 1er avril 1803. 50 frédérics d'or pour ses frais de voyage.

19° MONSIEUR BUTTOS. 30 thalers plus une gratification de 200 thalers.

Logis gratuit. Du bois. Engagé jusqu'au 1er mars 1803.

20° CORDS, souffleur, 120 thalers plus 24 thalers par trimestre plus 62 thalers de « Brod und Biergeld. »

Du bois et de la tourbe. Etant depuis sept ans au service de la Cour, il réclame un habit par an.

21° PARIH, costumier du théâtre, 84 thalers.

22° FRANK, coiffeur du théâtre, 72 thalers.

23° MESDAMES WANDER et EHRENREICH, costumières, 100 thalers.

24° ZARGER et SCHARGE, machinistes, chacun 36 thalers. »

(Kgl. Haus-Archiv. (Charlottenburg). Rep. 56. Acta betr. die Salarien und Pensions-Staats des Hofen des Prinzen Heinrich. 1802-1803.)

(72) Cf. plus haut les notes 30 et 55.

(73) Mme Monrose appartint à la Comédie française de Cassel en 1783 et en 1784. Elle jouait à ce théâtre les *reines* de tragédie, les *mères nobles* de comédie et les *deuxièmes duègnes* d'opéra-comique.

(74) Mme Liboron était la femme d'un Kammerdiener du Prince Henry. Elle chantait les premiers rôles d'opéra.

(75) Les Archives de la Maison royale possèdent le certificat suivant que le sieur Cords s'était fait donner par Toussaint :

« J'atteste et certifie par le présent écrit que Monsieur Cords a été pendant 7 ans au service de feue Son Altesse Royale Monseigneur le Prince Henri, Grand Oncle du Roi, en qualité de souffleur à son spectacle françois. Des circonstances lui avoient fait accepter cet emploi qu'il a rempli avec zèle, exactitude et intelligence. Son esprit cultivé et généralement ses connoissances tant en littérature qu'en langue françoise, l'ont mis en état d'être employé plus utilement et plus avantageusement.

Rheinsberg, ce 4 Octobre 1802.

F. Toussaint,

Lecteur et bibliothécaire de feue Son Altesse Royale Monseigneur le Prince Henri de Prusse, Grand-Oncle du roi. »

(Kgl. Haus-Archiv. (Charlottenburg). Rep. 56. Acta betr. die Pensionnirung des Hofstaats und der Dienerschaft des Prinzen Heinrich.)

(76) *Le Tambour nocturne ou le Mari devin*, comédie en cinq actes, en prose, de Destouches (1762).

(77) *L'Honnête criminel ou l'Amour filial*, drame en cinq actes, en vers, de Fenouillot de Falbaire (1790).

(78) *Fénelon ou les religieuses de Cambrai*, tragédie en cinq actes, en vers, par M. J. Chénier (1793).

(79) *Les deux Amis*, drame en cinq actes, en prose, de Beaumarchais (1770).

(80) *Nina et Lindor ou les Caprices du cœur*, opéra comique en deux actes de Richelet, musique de Duni (1758).

(81) Voici deux lettres adressées l'une au Prince Ferdinand, l'autre à son chancelier, où le souffleur Cords et le mari de Mme Liboron demandent des secours.

1° Lettre du souffleur Cords :

« Très vénérable frère des Loges parfaites et réglées.
Des circonstances malheureuses me forcent d'écrire au très vénérable frère en Maçon, étant persuadé qu'il satisfait par sa bonté et sa philanthropie naturelle à tous les devoirs que l'ordre Saint et Sublime des Maçons et l'humanité lui imposent. Le très vénérable frère a eu la grâce de m'écrire que tout ce qui m'est dû de feue Son Altesse Royale Monseigneur le Prince Henri de Prusse me sera payé. Mais j'apprends avec la plus grande surprise que M. de Stubenrauch n'a envoyé au Conseiller de Justice Behrends que la somme de mon Engagement et m'a refusé le reste, c'est-à-dire 36 écus en augmentation et 30 écus pour mon habit. Il m'est donc de toute impossibilité de payer mes dettes et de dégager mes hardes que la nécessité m'a forcé de mettre en gage et de quitter en honnête homme définitivement cette ville, et je suis actuellement réduit à la situation la plus malheureuse du monde, manquant de toute ressource possible et ayant une nombreuse famille. J'ose avoir recours au très vénérable frère et le supplier de daigner soulager mon infortune en m'accordant la somme modique de 65 écus pour que je puisse dégager mes habits. Monsieur de Zimdar peut attester que feue Son Altesse Royale

lui a dit le premier d'août de me payer dorénavant l'augmentation de 5 écus par mois. M. de Grunthal attestera de même que pendant 7 ans j'ai eu toujours l'habit au mois de Décembre. En conjurant le très vénérable frère par la Sainteté de notre Sublime et Vénérable Société et par la cendre sacrée de feu son frère le Prince Henri de satisfaire à ma Requête, je suis avec un dévouement inaltérable et le plus profond respect

Du très vénérable frère

Le fidel et très obéïssant Frère et Serviteur

Cords de la ▭ Eugénie.

Rheinsberg, le 19 novembre 1802.

Au Lion couronné de Danzig. »

2° Lettre de Liboron :

« Berlin, le 14 Décembre 1802.

Monsieur le Chancelier !

Je vous demande pardon, Monsieur le Chancelier, si je vous incommode encore par une de mes Lettres ; c'est au sujet de ma Femme. Il m'a été bien douloureux d'apprendre qu'elle a été oubliée sur l'Etat qu'on a présenté au Roi. Cependant elle a servi feu S. A. R. mon Bon Maître pendant 21 ans, d'abord pour rien, ensuite pour les modiques appointemens de 21 écus 16 gr. ; elle n'a pas été engagée pour le théâtre seulement, mais bien, comme son Engagement le porte, comme chanteuse de la Chambre.

« Voici les propres Parôles de mon Gracieux Maître, qu'elle n'avoit jamais rien demandé, que S. A. R. ne l'oublieroit pas, que ce qu'elle avoit, elle le garderoit toujours. » Elle a des témoins de ce que j'avance ici : Mr. le comte de Bruhl et le musicien Niclas qui étoient chez moi quand on est venu lui annoncer ce que j'avance ont donné par écrit leur Témoignage.

Monseigneur le Prince Ferdinand m'a fait la grâce de me dire parmi toutes les Paroles consolantes qu'il m'a données « que ce que le Roi ne feroit pas pour moi, ce seroit lui qui le feroit. »

Je n'ose plus me présenter devant S. A. R. ni lui écrire ; je n'ai pas été exaucé dans ma dernière lettre. Si j'avois le malheur d'être rejetté encore, il faudroit alors que je demande un employ au Roi, car avec ce que j'ai, il me seroit impossible d'élever ma nombreuse famille.

Je suis vraiment honteux, Monsieur le Chancelier, de vous être si souvent à charge, mais c'est à vous seul que j'ai recours pour porter aux pieds de S. A. R. mes justes réclamations.

J'ai l'honneur d'être avec un très profond Respect

Monsieur le Chancelier,

Votre très humble et très obéissant serviteur

Liboron,

Au Palais de Feu S. A. R.

Le Prince Ferdinand fit répondre qu'il accorderait une pension de 200 thalers à Mme Liboron si elle survivait à son mari.

(Kgl. Haus-Archiv. (Charlottenburg). Rep. 56. Acta betr. die Salarien und Pensions-Staats des Hofen des Prinzen Heinrich 1802-1803.)

(82) Cf. Lettre de Frédéric-Guillaume III à la Princesse Hélène de Russie. *Publikationen aus den Preuszischen Staatsarchiven.* LXXV, 429.

CHAPITRE II

LA COMÉDIE FRANÇAISE A LA COUR DU MARGRAVE FRÉDÉRIC DE BAYREUTH

(1747-1763)

(1) SOURCES : *Hoch-Fürstlich-Brandenburg Culmbachischer-Adress- und Schreib Kalender* (1747-1763). — Schönhaar (W. F.) : *Ausführliche Beschreibung des zu Bayreuth im September 1748 vorgegangenen Hoch-Fürstlichen Beylagers Carls, Herzog zu Württemberg und Fürstin Elisabethœ-Fredericœ-Sophiœ.* — Bareith (Margrave de) : *Mémoires*. Frédéric II : *Correspondance* avec la Margrave de Bayreuth. — Burell (Miss) : *Thoughts for enthusiats at Bayreuth*. 1888-1891. Chapter IV. (Ce fascicule contient : « *Das Tagebuch der italienischen Reise* » et des lettres inédites de la Margrave Sophie-Wilhelmine à Frédéric II. 1756-1758.)

A CONSULTER : Heinritz (J. G.) : *Versuch einer Geschichte der K. B. Kreis-Haupt-Stadt Baireuth* ; — *Die Lebens und Regierungs Jahre des Markgrafen Friedrich (Archiv. für Geschichte und Alterthumskunde des Ober-Main-Kreises.* Zweites und drittes Heft.); *Neue Beiträge zur Geschichte der Kreishauptstadt Bayreuth.* — Holle (J. W.) : *Geschichte der Stadt Bayreuth von den ältesten Zeiten bis 1792* (Zweite Auflage). — Fester (R.) : *Die Bayreuther Schwester Friedrichs des Grossen ; Markgräfin Wilhelmine und die Kunst am Bayreuther Hofe (Hohenzollern-Jahrbuch.* Sechster Jahrgang 1902) ; *Beiträge zur Geschichte der Universität Erlangen ; Die Bibliothek der Margräfin Wilhelmine.* — Hofmann (F. H.) : *Die Kunst am Hofe der Markgrafen von Brandenburg, Fränkische Linie ; Bayreuth und seine Denkmäler.* — Herrmann (F.) : *Margrafen Büchlein.*—Nous indiquerons en notes les autres références.

(2) Cf. Herrmann (F.) : *Op. cit.* p. 223.

(3) Le Margrave George-Frédéric-Charles.

(4) A en croire une anecdote, le Margrave Frédéric voulut un jour aller entendre des comédiens allemands de passage à Bayreuth. Il se rendit à l'hôtellerie du Lion-d'Or où ces acteurs donnaient leurs représentations ; mais ayant rencontré dans l'escalier de l'auberge le Hanswurst de la troupe complètement ivre, il rebroussa chemin en jurant bien fort qu'il ne se dérangerait plus pour des bateleurs aussi grossiers. (Cf. Herrmann (F.) : *Op. cit.* 219.)

(5) Cf. Heinritz (J. G.) : *Neue Beiträge... Op. cit.* p. 5.

(6) Cf. Voltaire : *Ode sur la mort de S. A. S. Mme la Princesse de Bareith.*

(7) Cf. Fester (R.) : *Beiträge zur Geschichte der Universität Erlangen. Op. cit.* p. 5 et suiv.

(8) A Strasbourg, la Margrave Wilhelmine vit *La Coquette fixée*, comédie en trois actes, en vers, de l'abbé de Voisenon (20 octobre 1754). A Lyon, elle assista aux représentations de *Démocrite* (30 octobre), de *Mahomet* (10 novembre), du *Joueur* (11 novembre) et des *Amants réunis* (12 novembre). A Marseille, elle entendit

Le Glorieux (4 avril 1755). (Cf. *Tagebuch der italienischen Reise. Thoughts for enthusiasts... Op. cit.* IV, 9, 10, 12 et 17.)

(9) Cf. Bareith (Margrave de) : *Mémoires. Op. cit.* p. 574.

(10) Cette troupe jouait « dans la maison nommée le Langegang », rue de Tous les Saints (Aller Heyligengasse). Elle fit « l'ouverture de son théâtre », le samedi 17 juin 1741, par *Le Comte d'Essex*, tragédie de Thomas Corneille, et *Le Galant Coureur*, comédie de Legrand. Son répertoire se composait des ouvrages suivants :

TRAGÉDIES : *Phèdre* (Racine) ; *Andromaque* (Racine); *Rhadamiste et Zénobie* (Crébillon); *Alzire* (Voltaire) ; *Gustave Vasa* (Piron); *Le Cid* (Corneille); *Inès de Castro* (La Motte) ; *Iphigénie* (Racine); *Rodogune* (Corneille); *Œdipe* (Voltaire); *Hérode* (Voltaire); *Athalie* (Racine); *Britannicus* (Racine).

COMÉDIES : *Les Ménechmes* (Regnard) ; *Thimon le Misanthrope* (Delisle); *Arlequin Hulla* (Dominique et Romagnesi) ; *L'Ecole des maris* (Molière) ; *Tartuffe* (Molière) ; *Le Distrait* (Regnard); *La Surprise de l'Amour* (Marivaux) ; *Démocrite* (Regnard) ; *Le Jeu de l'Amour et du Hazard* (Marivaux) ; *Le Joueur* (Regnard) ; *Le Fleuve d'Oubli* (Legrand); *L'Ile des Esclaves* (Marivaux) ; *Le Légataire universel* (Regnard); *Crispin médecin* (Hauteroche) ; *La Double inconstance* (Marivaux) ; *Le Philosophe marié* (Destouches) ; *L'Ecole des femmes* (Molière) ; *Le Misanthrope* (Molière) ; *Le François à Londres* (Boissy) ; *Esope à la Cour* (Boursault) ; *L'Epreuve réciproque* (Legrand, Allain et Thierri) ; *George Dandin* (Molière); *Le Bourgeois gentilhomme* (Molière) ; *Le Médecin malgré lui* (Molière); *Le Menteur* (Corneille) ; *La Comtesse d'Orgueil* (Thomas Corneille) ; *La Famille extravagante* (Legrand); *L'Oracle* (Saint-Foix) ; *Le Glorieux* (Destouches) ; *Amphitryon* (Molière) ; *L'Enfant prodigue* (Voltaire); *Le Mercure galant* (Boursault) ; *Les Folies amoureuses* (Regnard) ; *Le Grondeur* (Palaprat); *L'Homme à bonnes fortunes* (Baron) ; *La Femme juge et partie* (Montfleury) ; *La Vie est un songe* (Boissy) ; *Crispin rival de son maître* (Lesage) ; *Le Dissipateur* (Destouches) ; *Le Jaloux désabusé* (Campistron).

On prenait « au Théâtre, Premières Loges et Orchestre deux florins, à l'Amphithéâtre quatre kopstück, aux secondes Loges un florin, au Parterre et au Paradis un demi-florin. » (Cf. Mentzel (E.): *Geschichte der Schauspielkunst in Frankfurt a. M. Archiv für Franckfurts Geschichte und Kunst*. Neue folge. Neuenter Band. Frankfurt a. M. K. Th. Völcker's Verlag. 1882.)

(11) Cf. Lettre de Voltaire à la Margrave de Bayreuth. Délices, 15 juillet 1757. Citée par W. Mangold : *Voltairiana inedita*.

Nous avons eu entre les mains l'exemplaire de Racine où Sophie-Wilhelmine avait étudié son rôle de Roxane. (Bibliothèque de l'Université d'Erlangen Ez. II, 976.) Les coupures sont assez nombreuses. Craignant les allusions aux amours de son mari, la Margrave avait supprimé les vers suivants de la scène III de l'acte I :

> « Je sais que des sultans l'usage m'est contraire;
> Je sais qu'ils se sont fait une superbe loi
> De ne point à l'hymen assujétir leur foi.
> Parmi tant de beautés qui briguent leur tendresse,
> Ils daignent quelquefois choisir une maîtresse ;
> Mais toujours inquiète avec tous ses appas,
> Esclave, elle reçoit son maître dans ses bras... »

Ajoutons que pendant sa visite à Bayreuth, Voltaire représenta avec Sophie-Wilhelmine une de ses tragédies. Nous ne savons pas laquelle, mais ce fut probablement *Zaïre*. (Cf. J. G. Heinritz : *Die Lebens und Regierungs Jahre des Margrafen Friedrich*. Op. cit. Année 1743.)

(12) Cf. Lettre de la Margrave de Bayreuth à Voltaire, 23 janvier 1751. Dans cette lettre, Sophie-Wilhelmine attribue *Oreste et Pylade* à La Motte. On sait que cette tragédie est de La Grange-Chancelle.

(13) Pendant un séjour de la Margrave à Berlin, le Marquis de Montperni fut le héros d'une plaisante aventure que Voltaire a délicieusement racontée à sa nièce dans la lettre suivante :

« Pardonnez-moi d'égayer un peu la noirceur que ma transplantation répand dans mon âme et comptez que je n'en ai pas le cœur moins déchiré, en vous parlant de l'aventure d'un cul, à laquelle j'ai part malgré moi. Ne vous scandalisez pas ; il ne s'agit point ici de passions malhonnêtes.

Un marquis de Montperni, attaché à Madame la Margrave de Bareuth, et qui est venu avec elle, tombe très dangereusement malade. Il est catholique, car on est ici ce que l'on veut. Un domestique, encore meilleur catholique, a été cause d'un assez singulier quiproquo. Le malade, tourmenté d'une colique si violente, envoie chercher l'apothicaire ; le valet, occupé du salut de son maître, va chercher le viatique. Un prêtre arrive ; Montperni, qui ne songe qu'à sa colique, et qui a la vue fort mauvaise, ne doute point que ce soit un lavement qu'on lui apporte. Il tourne le derrière ; le prêtre étonné veut une tournure plus décente ; il lui parle des quatre fins de l'homme ; Montperni lui parle de seringue ; le prêtre se fâche ; Montperni l'appelle toujours Monsieur l'apothicaire. Vous croyez bien que cette scène a été un peu commentée dans un pays où l'on respecte fort peu ce que M. de Montperni prenait pour un lavement. J'ai un secrétaire champenois, qui est une espèce de poète d'antichambre ; il a mis l'aventure en vers d'antichambre ; mais on me les attribue et ils passent dans tous les cabinets d'Allemagne, et ils seront bientôt dans ceux de Paris... » (Cf. Lettre de Voltaire à Mme Denis. Berlin, 24 août 1750.)

(14) Cinq de ces portraits (ceux de Blondeval, de Merval et des trois actrices) sont dans le Musikzimmer ; le sixième (celui de Garnier) se trouve dans la pièce voisine de ce salon. On les attribue à un certain Roslin absolument inconnu. Cet artiste ne peut pas être confondu avec Alexandre Roslin, dont Diderot raillait « les attitudes apprêtées. » Les pastels qui nous occupent sont sans doute d'Andreas Roslin, un Hofmaler, qui avait exécuté le portrait du Margrave George-Frédéric-Charles. (Cf. Fester : *Markgräfin Wilhelmine und die Kunst am Bayreuther Hofe... Op. cit.* p. 163.)

(15) Cf. *Dictionnaire des Théâtres* (Paris, Lambert, 1756), V, 9.

(16) Cf. Collé (C.), *Journal* (Edition Bonhomme. Paris, Didot, 1868), I, 441. Ajoutons que Lesage, l'acteur de Bayreuth, retoucha *Les Funérailles de la Foire*, opéra-comique, dont son père et

d'Orneval étaient les auteurs. La nouvelle version de cette pièce avait pour titre *Le Testament de la Foire* et fut représentée le 7 avril 1734. Lesage *fils* avait signé son œuvre du nom de Pittenec.

(17) Cf. *Mercure de France*, avril 1733; *Dictionnaire des Théâtres, op. cit.* II, 587; Lemazurier : *Galerie des acteurs du Théâtre français*, I, 262.

(18) Cf. *Hoch-Fürstlich-Brandenburg Culmbachischer Address- und Schreib-Kalender.* Années 1750 et suiv.

(19) Cf. J. G. Heinritz : *Neue Beiträge. Op. cit.* p. 10.

(20) Broquin peignit sur émail un portrait du Margrave Frédéric et fit une tête de femme au pastel. (Cf. J. G. Heinritz : *Neue Beiträge. Op. cit.* p. 10.)

(21) Sur Heurtaux-Dancourt, voyez : Longchamp et Wagnière : *Mémoires sur Voltaire*, II, 272 et suiv., et nos *Comédiens français à la Cour de Prusse*, p. 45, 53, 93 et 108.

H. Dancourt avait composé deux ouvrages, que nous n'avons pas mentionnés dans notre volume précédent.

Le premier est une *Lettre de l'Arlequin de Berlin à M. Fréron sur la retraite de M. Gresset.* (Berlin et se trouve à Amsterdam chez J. H. Schneider, 1760.) L'auteur expose dans cet opuscule les mêmes idées qu'il avait développées dans sa *Lettre à J.-J. Rousseau*.

Le second est une comédie en trois actes, en prose, intitulée *Les Deux Amis* et tirée du conte de La Fontaine qui porte le même titre (I, 7). Elle fut représentée sans succès à la Comédie française le 9 août 1762.

« Cette pièce, lisons-nous dans les *Anecdotes dramatiques*, fut maltraitée par le parterre dès le premier acte... L'auteur avoit fait deux vieillards dégoûtants amoureux d'une jeune fille, qui étoit leur pupille. Il ne devoit donner que trente-six ans aux tuteurs, c'étoit le seul moyen de rendre ce sujet agréable ; et en cela même il ne choquoit nullement la vraisemblance. Au lieu de cela, dès la première scène, l'on voyoit un de ces vieux podagres, en robe de chambre, assis et le pied appuyé sur un tabouret, qui ouvroit la Pièce en disant :

« Je ne sçais si c'est l'Amour ou la goutte qui m'a empêché de dormir cette nuit... Je crois que c'est l'Amour... A moins que ce ne soit la goutte... L'Amour y a très sûrement une grande part... quoique j'aie beaucoup souffert de la goutte. »
Cette plaisanterie dite par Armand, qui jouait un des deux rôles de vieillard, fit rire cependant et fut fort applaudie. »
(Cf. *Anecdotes dramatiques*, Paris, Duchesne, 1775, I, 260 et 261.)

D'autre part, le critique du *Mercure* écrivait dans son article du mois de septembre 1762 :

« Le lundi 5 Août on donna la première représentation des *Deux Amis*, Pièce en trois Actes et en prose, dont le Conte qui porte le même titre a fourni le sujet. La chute de cette Pièce était déterminée dès le milieu de la première Scène, laquelle en effet étoit trop allongée et trop appesantie sur l'idée indécente d'un commerce, que se reprochent mutuellement les deux vieux amis, avec la Mère de la jeune Pupille que chacun d'eux voudroit épouser. Il y avoit dans le reste de la Pièce des plaisanteries qui n'ont point produit l'effet qu'elles auroient pu produire par la fâcheuse prévention qu'avoit donnée cette Scène ; ce qui peut-être ne seroit pas arrivé, si l'on eut prévenu sur un genre que l'on n'est pas accoutumé depuis longtemps de voir renaître au Théâtre François. Il est d'autres Théâtres mixtes où Thalie s'est prêtée jusqu'à admettre des *Racoleurs*, des *Jérome et Fanchonettes*, des *Gilles Peintre Amoureux*, des *Sancho Pança* et autres Drames que l'esprit se permet comme un délassement, mais dont il croit devoir rougir de s'occuper sur une scène consacrée à la régularité. Rien ne prouve plus incontestablement la force des convenances locales, que ces sortes de contrariétés dans le Public qui applaudit avec excès à un Théâtre un genre qu'il proscrit sur un autre par les jugements les plus sévères.
L'attrait du jeu de M. Préville soutint la représentation des *Deux Amis* jusqu'à la fin ; et le plus grand nombre des spectateurs regretta le plaisir qu'il y auroit pu faire, si le Parterre eut eu un peu plus d'indulgence pour la Pièce. »

Les Deux Amis ne furent pas imprimés.
(22) Sur Fierville, voyez nos *Comédiens français à la Cour de Prusse*, p. 51 à 53 et 113 à 115.
(23) Plusieurs danseuses portèrent ce nom au xviiie siècle. Il y

avait une demoiselle Camargo dans le corps de ballet de Mannheim. Cf. nos *Comédiens français à la Cour palatine*, p. 184.

(24) Cf. Lettre de la Margrave de Bayreuth à Frédéric II, 13 mai 1756. Lettre inédite publiée par Miss Burell : *Thoughts for enthusiasts... Op. cit.* IV, 69.

(25) Cf. Funck-Brentano (F.), *La Bastille des comédiens. Le For l'Evêque (Bulletin de la Société de l'Histoire du Théâtre*, 1902. Deuxième semestre), p. 76.

(26) Cf. J. G. Heinritz : *Neue Beiträge... Op. cit.* p. 5.

(27) Cf. Herrmann (F.). *Op. cit.* p. 202. En 1786, on reconstruisit dans ce manège une salle de spectacle, qui existe encore. La scène a des proportions si exiguës, que quatre acteurs peuvent à peine s'y tenir. Un inventaire daté de 1798 (Kreis-Archiv de Bayreuth) nous apprend qu'à cette époque les décors de ce théâtre consistaient en une chambre verte, un *rustique*, une prison, une forêt, un jardin et une place publique avec des colonnes.

(28) Sur la merveilleuse salle d'opéra de Bayreuth, voyez Hofmann (F. H.): *Bayreuth und seine Kunstdenkmale. Op. cit.* p. 35 et suiv.

(29) On voit encore ce théâtre dans les jardins de l'Ermitage. Il est formé de plusieurs portiques disposés parallèlement les uns aux autres. Leurs colonnes brisées et leurs pierres artificiellement disjointes donnent à cet édifice l'aspect d'une ruine antique.

(30) Sur Sans-Pareil, château de plaisance de la Margrave, voyez : Geyer (C.) : *Sans-Pareil, ein vergessener Lustort aus der Markgrafenzeit.*

(31) Ces différentes pièces furent jouées dans la salle de l'Opéra, à l'exception de *Polixène,* qu'on donna au théâtre du manège. Voici les dates de leurs représentations :

Jeudi, 19 septembre 1748 : *Démocrite*, com. en cinq actes, en vers, de Regnard.

Vendredi, 20 septembre : *Le Grondeur*, com. en trois actes, en prose, de Brueys et Palaprat. *Les Vacances*, com. en un acte, en prose, de Dancourt.

Mardi, 24 septembre : *Polixène,* trag. en cinq actes, en vers, de La Fosse.

Mercredi, 25 septembre : *La Gouvernante,* com. en cinq actes, en vers, de La Chaussée.

Vendredi, 27 septembre : *Le Jeu de l'Amour et du Hazard,* com. en trois actes, en prose, de Marivaux.

(Cf. Schönhaar (W. F.). *Op. cit.* p. 20 et suiv.)

(32) Voici les dates de ces représentations :

Mahomet II, trag. en cinq actes, en vers, de De La Noue, et *Crispin rival de son maître,* com. en un acte, en prose, de Lesage, furent joués le 7 août 1751, au théâtre du manège.

La Sérénade, com. en un acte, en prose, de Regnard, le 8 août, dans le grand salon de l'Ermitage.

Maximien, trag. en cinq actes, en vers, de La Chaussée, le 9 août, au théâtre du manège.

Le Préjugé à la mode, com. en cinq actes, en vers, de La Chaussée, le 10 août, au théâtre du manège.

Sémiramis, trag. en cinq actes, en vers, de Voltaire, le 12 août.

Le Légat juré (cette pièce nous est absolument inconnue), le 13 août, dans la salle d'opéra.

(Cf. J. G. Heinritz : *Versuch einer Geschichte.... Op. cit.* II, 12 et 13.)

(33) La troupe d'opéra avait été renvoyée après la mort de la Margrave Sophie-Wilhelmine (1758). (Cf. Herrmann (F.). *Op. cit.* p. 232.)

(34) Cf. König : *Geschichte des Fürstentums Bayreuth und seiner Regenten.* Manuscrit appartenant au Historicher Verein für Oberfranken. Tome VII. Année 1763. § 12. Voyez aussi : Holle (J. W.) : *Op. cit.* p. 148 et 149.

CHAPITRE III

LE THÉATRE DE SOCIÉTÉ A LA COUR
DE CHRISTIAN-FRÉDÉRIC-CHARLES-ALEXANDRE
MARGRAVE D'ANSBACH

(1) SOURCES : *Nouveau Théâtre de Société d'Anspac et de Triesdorf.* — Anspach (Margrave d'), (Lady Craven) : *Mémoires.*
A CONSULTER : Meyer (J.) : *Erinnerungen an die Hohenzollern in Franken ; Beiträge zur Geschichte der Anspacher und Bayreuther Lande.* — Herrmann (F.) : *Margrafen Buchlein.* — Lessing (Otto): *Schloss Ansbach. Barock und Rokoko Dekorationen aus dem XVIII Jahrhundert.* — Goncourt (Ed. de) : *Mlle Clairon d'après ses correspondances et les rapports de police du temps.* — Nous indiquerons en notes les autres références.
(2) Christian-Frédéric-Charles-Alexandre avait pour mère Frédérique-Louise de Prusse, la seconde sœur de Frédéric II.
(3) Parmi les œuvres d'art françaises qui se trouvent au château

d'Ansbach, il convient surtout de signaler trois merveilleux gobelins du xvii⁰ siècle représentant les éléments (l'air, l'eau et la terre). Mentionnons encore deux toiles d'Oudry qui décorent le salon de chasse.

(4) Cf. Herrmann : *Op. cit.* p. 298.

(5) Cf. *Ibid.*, p. 287.

(6) Cf. Anspach (Margrave d') : *Op. cit.* I, 166.

(7) Cf. *Ibid.*, I, 195.

(8) Cf. *Ibid.*, I, 195.

(9) Cf. Clairon (Mlle) : *Mémoires* ; Paris, Buisson, An VII, p. 148.

(10) Lady Craven choisit pour Secrétaire de cette Académie Mercier, le frère de l'auteur du *Tableau de Paris*. Ce Mercier avait tenu *l'Hôtel de l'Empereur*, rue de Tournon.

(11) Une lettre de Mlle Clairon à Larive nous apprend qu'en 1775 Charles-Alexandre avait eu l'intention de faire venir une troupe française à Anspach. La tragédienne conseillait à son élève de se faire engager par le Margrave. (Cf. Lettre citée par Ed. de Goncourt. *Op. cit.*, p. 359.)

(12) Cf. Anspach (Margrave d') : *Op. cit.* I, 172.

(13) Cf. *Ibid.*, I, 16 et 172.

(14) Comédie en un acte, en prose, de Madame de Beaunoir (1784).

(15) A en croire Lady Craven, *Nourjad* obtint un tel succès à Ansbach « que beaucoup de personnes firent des dessins de la première scène et que les principaux airs ne tardèrent pas à être chantés dans les rues. » (Cf. Anspach (Margrave d') : *Op. cit.* I, 181.)

(16) *Le Déguisement* était une adaptation de *She wou'd and She wou'd not or The Kind impostor*, comédie de C. Cibber, représentée à Drury-Lane en 1703.

Lady Craven avait composé trois autres comédies qui ne nous sont pas parvenues. En voici les titres : *La Folie du jour, La Miniature, Le Prince Lutin.*

APPENDICE

Le Bouquet

PETIT OPÉRA COMIQUE

POUR ÊTRE EXÉCUTÉ A LA FÊTE DE SON ALTESSE ROYALE

Monseigneur le Prince Henri

Le 12 Juillet 1770

Sur son Théâtre de Rheinsberg

ACTEURS

Gros-Pierre, *païsan.*   M. Richer.
Nanette, *fille de Gros-Pierre.*   Horzytsky, *l'aînée.*
Colin, *amant de Nanette.*   M. Salomon.
Le Baillif.   M. Mara.
Martin Nigaudinet, *meunier.*   M. Ossan.
Blanquette, *cuisinier.*   M. Bourdais.
Larissolle, *soldat du Régiment de S. A. R.*
    (*Il est yvre.*)   M. Bilguer.

Troupe de païsans.

La Scène est à Rheinsberg.

LE BOUQUET

OPÉRA COMIQUE

Scène première

GROS-PIERRE, MARTIN NIGAUDINET, COLIN,
NANETTE, BLANQUETTE.

GROS-PIERRE.

Non Morguenne, c'est en vain que vous prétendés tous à Nanette. Il n'y en a qu'un qui l'épousera une fois et ce sera stila qui fera le plus beau bouquet pour Monseigneur. Je lui avons obligation de notre bonheur ; c'est bien le moins que nous puissions faire à sa fête ; Lui qui fait tant pour nous !

ARIETTE.

Morguenne, amis, quelle allegresse extrême !
Que notre destin seroit doux !
Si je pouvions la donner à lui-même
Son père avec et nous tretous.
Oui par cet hommage sincère
Nous ne ferions que lui rendre son bien ;
Il est notre appui, notre Père,
Et notre bonheur est le sien.
Morguenne, amis, etc., etc.

MARTIN NIGAUDINET, *d'un air niais.*

Pardienne, un bouquet n'est pas une chose si difficile, et s'il ne tient qu'à cela, laissés faire ; la vache est à nous.

ARIETTE.

Morguié pour c'qu'est en cas d'ça
Il ne faut que m'laisser faire.
Pour bien faire cette affaire
Martin est un vrai compère.
Mamsell' Nanette m'aura,
Et s'il ne faut pour cela
Que l'plus biau bouquet, c'est moi
(à Nanette)
Oui, c'est moi qui vous l'fera,
Oui, c'est moi qui vous l'fera !

COLIN.

Monsieur Gros-Pierre, vous savés combien Nanette et moi nous nous aimons ; vous nous l'aviés permis...

GROS-PIERRE.

Bon, bon, vous n'étiez alors que des enfans.

NANETTE.

Mais, mon père, je ne puis souffrir ces Messieurs. C'est Colin seul qu'il me faut. Sans lui, je ne veux plus rien au monde.

BLANQUETTE, *à Gros-Pierre.*

Compère, vous aimez la bonne chère ? Je suis votre homme. Colin ne seroit tout au plus utile qu'à Nanette, mais moi je vous ferai de bonnes sauces à tous deux.

MARTIN NIGAUDINET.

Oui-da. Et moi donc, qu'est-ce que j'aurai ? Vous vous arrangés bien vite vous autres. Oh ! je prétens l'épouser aussi afin que vous le sachiés. Vous savez bien, Monsieur Gros-Pierre, que vous m'avés toujours promis que vous me la garderiés.

GROS-PIERRE.

Tout cela est inutile. Je vous le répète encore : je ne donnerai ma fille qu'à celui qui fera le plus biau bouquet pour Monseigneur. Je n'en rabattrai rien. L'un ou l'autre, au reste peu m'importe. Adieu.

(*Il sort.*)

MARTIN NIGAUDINET.

Ah ! c'est moi qui l'aurai. J'en suis sur.

BLANQUETTE.

Toi, grand sot, oserois-tu me le disputer ?

MARTIN NIGAUDINET.

Grand sot toi-même. Est-ce que j'en ai la mine donc ?

BLANQUETTE, *s'en allant.*

Nous verrons tantôt qui le sera le plus de nous deux.

MARTIN NIGAUDINET, *le suivant.*

Vous n'y toucherés que d'une dent, monsieur le cuisinier.

BLANQUETTE.

C'est ce qu'il faudra voir.

MARTIN NIGAUDINET.

Oui, oui, nous verrons, nous verrons.

(*Ils sortent en se disputant.*)

Scène II

COLIN, NANETTE.

COLIN.

Ah ! Nanette, qu'allons-nous devenir ?

NANETTE.

Va, ne crains rien. Mon père ne sera pas inflexible. Il verra nos larmes, il se rendra, et puis la condition qu'il exige nous sera peut-être favorable. L'amour sera ton guide. Il te fera triompher de tes rivaux. En tout cas nous irons nous jeter aux pieds de MONSEIGNEUR. Il est si bon ! si généreux ! Lui, qui s'occupe du bonheur de tout le monde, refuseroit-il de combler le nôtre ?

COLIN.

Son nom seul a calmé mes allarmes et je ne sens plus que ma reconnoissance pour un si bon maître et mon amour pour toi.

ARIETTE.

T'adorer est mon bien suprême,
Tout mon bonheur
Est dans ton cœur.
L'éclat d'un diadème
Ne seroit rien pour moi,
S'il falloit m'en parer sans toi.
T'adorer est mon bien suprême,
Tout mon bonheur
Est dans ton cœur.

NANETTE.

Mais comment t'y prendras-tu pour faire un bouquet à notre maître ?

COLIN.

J'y trouve une difficulté insurmontable : c'est de le faire digne de lui. Tout le canton va s'évertuer à cette fin ; ils vont consulter ensemble pour faire briller leur esprit dans de beaux complimens ; et moi je ne sais faire parler que mon cœur. Je n'ai point d'autre guide. Ils s'étendront éloquemment sur ses louanges et moi je les pense mieux que je ne sais les exprimer.

NANETTE.

Va, dans ces occasions le cœur l'emporte sur l'esprit. Laisse parler ton zèle et tes vœux.

COLIN.

Je crains qu'ils ne soient suspects et ma délicatesse s'offenseroit que l'on n'imputât qu'à l'envie de t'obtenir ce que mon affection seule eût dû produire.

NANETTE.

Ta délicatesse me fâche. *(Tendrement.)* Eh quoi ! ne feras-tu rien pour l'amour ?

COLIN, *prenant la main de Nanette avec transport.*

Ah ! Nanette.....

DUO

Mon âme
S'enflamme
Et se détache de moi
Pour voler vers toi !
Nulle crainte
Ne doit porter atteinte
A notre bonheur.
Laissons une vaine frayeur.
Oui sans feinte,
Sans contrainte,
Ce sera chaque jour
Le triomphe de l'Amour.
Ce dieu vainqueur
Pour nous va fixer le bonheur.
Il me rassure
Et le don de ton cœur
M'est un augure
Trop flatteur.

Scène III

COLIN, NANETTE, MARTIN NIGAUDINET, BLANQUETTE, LARISSOLLE, *yvre, ayant une pipe à la bouche.*

LARISSOLLE, *à Martin et à Blanquette.*

Vous êtes tous des bêtes. Apprenés qu'un bouquet ne sauroit plaire à mon Général s'il n'est tourné d'une façon martiale.

BLANQUETTE.

Oh bien ! laissés-moi faire. J'entrelarderai tout cela de fanfares, de hautbois et de tambours même, s'il le faut.

LARISSOLLE.

Plaisantes bagatelles que cela ! Du canon, morbleu ! du canon ! Voilà sa sérénade favorite et la musique qu'il aime principalement.

MARTIN.

Du canon ? Quelle chienne de musique ! Cela fait trop de peur.

LARISSOLLE.

Ah ! mille yeux ! Que j'en avons entendu de belle avec lui dans les dernières campagnes... pan, patapan... (*Martin a peur.*) Morbleu ! que n'y suis-je encore !

BLANQUETTE.

Mais il n'est pas question de cela. C'est la manière de faire un bouquet qu'il nous faut. Il s'agit de trousser un petit compliment et non de parler de batailles.

LARISSOLLE.

Mais c'est que si vous l'eussiez vu comme moi..... Oui comme moi..... Sarpejeu ! qu'il faisoit chaud à ses côtés !

MARTIN.

Il devoit avoir un bel habit ?

LARISSOLLE.

Fi donc ! C'est en soldat qu'il étoit mis. Comme nous morbleu ! Comme moi ; mais son courage le faisoit bien reconnoitre.

Scène IV

LES PRÉCÉDENTS, LE BAILLIF *arrivant avec lenteur et gravité.*

MARTIN.

Ah ! Voici M. le Baillif. Consultons-le là-dessus, lui qui est si habile et qui a étudié la philosophie dans le latin. (*Allant à lui.*) Or vous saurez donc, M. le Baillif, que je m'appelons Martin Nigaudinet, fils de mon père, Martin le Meunier et que je somme en dispute pour.....

LARISSOLLE, *l'interrompant et le chassant d'auprès du Baillif.*

Tenés, Martin n'est qu'une bête, M. le Baillif ; je m'en vais vous expliquer tout cela, moi. Or il s'agit donc de célébrer un héros.

NANETTE.

Cela est-il si difficile ? Il n'y a que du bien à en dire.

MARTIN, *au Baillif.*

Ils veulent tous l'épouser, mais son père m'a donné sa parole, oui !

LE BAILLIF *avec gravité et lentement.*

Comment ! ils veulent épouser ce héros ?

MARTIN.

Hé non ! C'est Nanette.

LE BAILLIF.

Ah ! C'est Nanette qui veut l'épouser.

COLIN.

Eh ! Non ! M. le Baillif, il s'agit seulement de le complimenter.

MARTIN, *au Baillif.*

Eh ! parguenne, vous qui savez tout, est-ce que vous ne savez pas itou ce que nous voulons dire ?

LARISSOLLE.

Tenés, M. le Baillif, rassemblés-moi dans votre tête tous les panégyristes dont vous avez entendu parler, toutes les louanges faites aux héros de l'antiquité.....

BLANQUETTE, *l'interrompant.*

Oui, faites-nous un salmis de tous ces héros-là, car m'est avis que le notre les vaut tous ensemble.

LE BAILLIF.

Mais de qui voulez-vous donc parler ?

LARISSOLLE.

De qui ?... Ah ! c'est bien le plus brave, le plus expérimenté capitaine !...

NANETTE.

Le plus humain, le plus aimable maître !...

COLIN.

Enfin, c'est le meilleur Prince qui existe.

LE BAILLIF.

Ah ! je vous entends à présent. Vous voulés parler de Monseigneur. En effet, c'est aujourd'hui sa fête. Eh bien ! mes enfants, il faut le haranguer en cérémonie.

MARTIN.

Le haranguer ? Qu'est-ce que c'est que cela, M. le Baillif ?

LE BAILLIF.

C'est complimenter quelqu'un, lui adresser un discours éloquent. Celui-ci doit l'être principalement. Il demande une érudition profonde..... du feu..... du génie..... *(lentement)* de la vivacité..... je vous le composerai.

ARIETTE.

Sur un sujet si grand, si glorieux,
Amis, déployons notre zèle.
Pour peindre l'objet de nos vœux
Empruntons un rayon de la gloire immortelle ;
Rassemblons toutes les vertus.
Apollon prête-moi ta lyre.....
Déjà son feu divin m'inspire !
O Muses, parés-vous de tous vos attributs.
Calioppe, en poème épique
Peins-nous sa valeur héroïque.
Erato, d'un style amoureux
Dis-nous comment les Plaisirs et les Graces
S'empressent sur ses traces.
Qu'Euterpe et Thalie en ce jour
Par un juste retour
Témoignent leur reconnoissance
Au héros, dont l'indulgence
Les rassemble en ce séjour.
Tandis qu'au Temple de Mémoire } bis
Clio saura faire éclater sa gloire...

COLIN.

Mais, M. le Baillif, à quoi bon tout cela, quand le cœur suffit. C'est lui qui nous anime en ce jour ; c'est à lui de dicter.

LE BAILLIF.

Vous n'y entendés rien. Si vous aviés étudié la Logique comme moi, vous rabaisseriés un peu moins les règles de l'éloquence. Allés, allés, mon ami, allés. Il faudra des comparaisons.....

LARISSOLLE, *choqué.*

Qu'appelés-vous des comparaisons? Mon général est unique, mordieu ! et l'on ne doit le comparer à personne, entendés-vous ?

LE BAILLIF.

Mais à Alexandre, par exemple? A César, à Pompée ?

LARISSOLLE.

Fi donc ! J'ai ouï dire à mon Capitaine, qui en sait bien plus que vous, ma foi, que tous ces gens-là n'avaient été que les perturbateurs du monde. Si vous voulés le comparer, morbleu ! choisissez-moi plutôt des héros qui aient vaillement défendu leur patrie, aimé, protégé le genre humain. Voilà des comparaisons dignes de lui. Voilà la véritable gloire et c'est celle de mon général.

LE BAILLIF, *ôtant son chapeau.*

En ce cas, il faudra...

LARISSOLLE.

Je crois qu'il faudra vous taire. Je sais mieux que vous le bouquet qui lui convient et je cours le chercher en toute diligence. *(Il sort.)*

MARTIN.

Eh bien ! Allons nous en chercher chacun de notre côté. Nous verrons au retour qui remportera le prix. Stapandant, Mamselle Nanette, tenés-vous joyeuse; j'ons bonne éspérance de gagner. *(Il sort.)*

BLANQUETTE.

Et vous, M. le Baillif, venés chez moi. J'ai du bon vin, cela nous aidera à trouver quelque beau discours.

LE BAILLIF.

Je crois que vous avez raison. Bonum vinum aperit ingenium.

BLAQUETTE, *s'en allant avec le Baillif.*

Morguenne ! faites-moi gagner cette belle enfant là et je ne l'épargnerons pas.

COLIN.

Et moi, Nanette, je vais les épier pour profiter de leurs découvertes. (*Il sort.*)

Scène V

NANETTE, seule.

ARIETTE.

La crainte, l'espoir et l'amour
   Tour à tour
  Remplissent mon âme.
Elle s'agite, elle s'enflamme !
Quel sera mon sort en ce jour ?
Colin, sans toi, sans ta tendresse
Il n'est plus pour moi de bonheur.
Un autre époux ! Quelle tristesse !
Non, non, toi seul aura mon cœur !

Scène VI

NANETTE, GROS-PIERRE.

GROS-PIERRE.

Eh bien! Qu'est-ce donc, Nanette? Te v'là bien triste quand tout le monde est en joie?

NANETTE.

Ah! mon père, je ne fais pas moins de vœux que les autres pour celui dont on célèbre la fête... Mais Colin.....

GROS-PIERRE.

Eh bien! Il sait la condition que j'ai mise à ton mariage. C'est à lui de faire en sorte de t'avoir. Mais v'là déjà tout le canton qui arrive en grande cérémonie avec M. le Baillif et l'un de tes prétendants à la tête. Rangeons-nous un peu pour voir ça.

NANETTE, à part.

Hélas!

Scène VII

NANETTE, GROS-PIERRE, BLANQUETTE.

LE BAILLIF, *suivi des païsans.*

Duo en forme de harangue :

BLANQUETTE *en habit de cérémonie et un bouquet à la main.*

Monseigneur, en cet instant
Je voudrois être éloquent.
Que ne suis-je un Cicéron,
Un Démosthène, un Baron...

LE BAILLIF, *soufflant Blanquette.*

Varon !

BLANQUETTE.

Baron !

LE BAILLIF.

Varon !

BLANQUETTE.

Varon.

LE BAILLIF.

Comme la poule...

BLANQUETTE.

Comme la poule fidèle,
Le renard et l'hirondelle,
Comme un orgueilleux hameau......

LE BAILLIF.

Ormeau!

BLANQUETTE.

Ha....

LE BAILLIF.

Or....

BLANQUETTE.

Ha.....

LE BAILLIF.

Or.....

BLANQUETTE.

Ormeau.

(*Ici le Baillif éternue et, ayant laissé tomber ses lunettes, il ne peut plus souffler à Blanquette, qui ne sait plus où il en est.*)

BLANQUETTE.

... et... que... je... et..

(*Au Baillif.*)

Mais, mais, parbleu! souffle donc! (bis.)

LE BAILLIF, *ramassant ses lunettes.*

Le butord!

BLANQUETTE, *croyant continuer la harangue.*

Le butord!

LE BAILLIF, *posément et remettant ses lunettes.*

Donnés moi donc le tems.

BLANQUETTE, *s'apercevant qu'il s'abuse et se tournant en colère contre le Baillif.*

Mais, mais ce n'est pas cela. } (bis.)
Foin de ton maudit compliment!

Scène VIII

LES PRÉCÉDENS, MARTIN NIGAUDINET *arrivant tout essoufflé avec un très gros bouquet et un gâteau.*

MARTIN.

Place, place, rangés-vous tous! C'est moi qui ai gagné pour le coup et je défie bien qu'on ait rien fait qui surpasse mon bouquet. Il est galant, oui, et Nanette est à moi cette fois.

BLANQUETTE.

Et que de diable! veux-tu faire de ce buisson?

MARTIN.

Pardienne! C'est un bouquet et un gâteau pour Monseigneur. Gros-Pierre n'a-t-il pas dit qu'il donneroit sa fille à celui qui feroit ça le mieux? Le mien est gros, je m'en vante et je n'y avons rien épargné.

(*Les autres rient et se mocquent de lui.*)

MARTIN, *surpris.*

Est-ce que je n'ai pas gagné donc?

Scène IX

LES PRÉCÉDENS, LARISSOLLE, COLIN *le suivant d'un air chagrin.*

LARISSOLLE, *portant une branche de laurier.*

Allons, allons ! tirés, tirés avec vos compliments et vos bouquets. C'est le mien qui doit remporter le prix.

NANETTE, *allant à Colin.*

Eh bien ! Colin ?...

COLIN.

Ah ! Nanette, c'en est fait ; je n'espère plus rien. Larissolle doit triompher sans doute.

MARTIN.

Comment ! Larissolle doit triompher ? Il n'a là qu'une petite branche de laurier. Et mon bouquet donc ?

LE BAILLIF, *gravement.*

Le laurier est en effet le symbole de la gloire, mais ma harangue ?...

LARISSOLLE.

Mille-s-yeux ! Oseriés-vous bien me le disputer ? Je soutiens, moi, que ce bouquet est le seul digne de Monseigneur, et la raison *(avec fierté)* c'est qu'il est cueilli dans les champs de Freyberg.

CHŒUR :

Honneur, honneur, honneur!
Son \} *bouquet est le vainqueur!*
Mon /
Il est cueilli dans les champs de la gloire,
Il fut planté par la Victoire.
Il est digne de Monseigneur.
Honneur, honneur, etc...

NANETTE, à Gros-Pierre.

Mon père!...

GROS-PIERRE.

Il n'y a pas de mon père qui tienne. Larissolle a gagné le prix, tu lui appartiens.

COLIN.

Adieu, Nanette, puisque je vous perds. Vivez heureuse. Oubliez-moi. Je vous fui. La douleur n'est point faite pour ces lieux. *(Il veut se retirer.)*

LARISSOLLE.

Hola! Colin, reste ici. *(A Nanette.)* Vous êtes bien aimable, Mademoiselle Nanette, mais sarpejeu la Gloire est encore plus belle que vous. C'est elle que j'épouse, morbleu! et je m'en va la retrouver sur les pas de Henri. *(A Colin, lui donnant son laurier.)* Tiens, Colin, c'est à toi le bouquet et le prix. Il ne faut pas que quelqu'un soit mécontent en ce beau jour.

COLIN, *l'embrassant.*

Ah! mon cher ami!

GROS-PIERRE.

Voilà l'action d'un brave soldat.

BLANQUETTE, *d'un air de reproche.*

Vous êtes bien généreux, M. Larissolle.

LARISSOLLE.

Comment, la générosité vous étonne et vous êtes sujet de notre bon Maître. Mille-s-yeux! il ne cesse de vous en donner des leçons chaque jour.

COLIN, *à Martin, d'un ton railleur.*

Vous voulez bien que je vous invite à ma noce.

MARTIN, *gaiement.*

A la noce? Morguenne oui-da! Je danserai toujours. Je ne voulais quasi me marier que pour la noce, et je m'en mocque. (*Riant.*) Ce n'est pas moi qui payerai les violons du moins.

BLANQUETTE.

Il a raison et vive Henri!

LARISSOLLE *et tous les autres.*

Vive Henri!

CHŒUR GÉNÉRAL.

Au nom d'un bienfaiteur chéri
Que chacun ici s'empresse
Et répète avec nous sans cesse
VIVE HENRI!
Et mille fois vive Henri!
(On danse.)

FIN.

BIBLIOGRAPHIE

BIBLIOGRAPHIE

CHAPITRE I

BESCHREIBUNG des Lustschlosses und Gartens Ir. Königl. Hoheit des Prinzen Heinrichs, Bruder des Konigs, zu Rheinsberg, wie auch der Stadt und der Gegend um dieselbe. Berlin, bei Friedrich Nicolaï, Buchhändler unter der Stechbahn, 1778.

BOUILLÉ : Vie privée, politique et militaire du Prince Henri de Prusse, Frère de Frédéric II. Paris, Delaunay, 1809.

BULOW : Prinz Heinrich von Preussen. Kritische Geschichte seiner Feldzüge. Berlin, 1805, in der Himburgischen Buchhandlung.

CHRONIC von Berlin oder Berlinsche Merkwürdigkeiten. Eine periodische Volkschrift herausgegeben von Tantlaquatlapatli.

FRÉDÉRIC II : Correspondance avec le Prince Henry. (Frédéric le Grand. Œuvres complètes. Berlin, Rodolphe Decker, 1846-1856.)

GOTTGETREU : Führer durch Stadt, Schloss u. Park Rheinsberg. Rheinsberg, 1899, Verlag von Carls Thurmann's Buchhandlung.

GUYTON DE MORVEAU : Vie privée d'un Prince célèbre ou détails des loisirs du Prince Henry de Prusse dans sa retraite de Rheinsberg. Veropolis, 1784. (Berlin, 1785.) De Manne dans son *Dictionnaire des anonymes* attribue par erreur cet ouvrage à Mirabeau.

HAMILTON (A.) : Rheinsberg : Memorials of Frederick the Great and Prince Henry of Prussia. London, John Murray, 1880. 2 vol. (Le tome II est le seul à consulter.)

HENRY (Prince Henry de Prusse) : Lettres à la Reine Ulrique, à Gustave III et à la Princesse Sophie-Albertine de Suède (1771-1797), publiées par R. Krauel. Forschungen zur Brandenburgischen und Preuszischen Geschichte. Sechzehnter Band, erste Hälfte. Leipzig, Verlag von Duncker et Humblot, 1903.

KRAUEL (R.) : Prinz Heinrich von Preuszen als Politiker. Berlin, Verlag von Alexander Duncker, 1902.

Prinz Heinrich von Preuszen in Rheinsberg. *Hohenzollern Jahrbuch, 1902.*

OSSENT : Acht Jahre am Hofe des Prinzen Heinrichs (1770-1778). Aus den Memoiren eines alten Franzosen (Ossent). Deutsch bearbeitet von Ernst Breest. *Der Bär.* Année 1881.

RECKERT (K. K.) : Wintergemählde. Berlin, gedruckt bey G. L. Winters Wittwe, 1778.

RETOUR (Le) du Prince Henri, frère du Roi, à Reinsberg. A Berlin. De l'Imprimerie Louis-Philippe Wegener, 1784.

RIEDEL (E.): Das Schauspielhaus in Rheinsberg. *Westermanns illustrierte deutsche Monatshefte*. Numéro de juin 1883.

THIÉBAULT (Dieudonné) : Mes souvenirs de vingt ans de séjour à Berlin ou Frédéric le Grand, sa famille, sa cour, son gouvernement, son Académie, ses écoles et ses amis littérateurs et philosophes. Paris, Dubuisson, an XII. 5 vol.

CHAPITRE II

BAREITH : Mémoires de Frédérique-Sophie-Wilhelmine, Margrave de Bareith, sœur de Frédéric le Grand, depuis l'année 1706 jusqu'à 1742, écrits de sa main. Troisième édition continuée jusqu'en 1758. Leipzig, H. Barsdorf, 1889.

BURELL (Miss) : Thoughts for enthusiasts at Bayreuth. 1888-1891. Les trois premiers fascicules : Pickening and Chatto, London ; le dernier : Privateley printed for the hon. Miss Burell at the Chiswick Press, London.

FESTER (R.): Die Bayreuther Schwester Friedrichs des Grossen. Berlin, Verlag von Gebrüder Paetel, 1902.
Markgräfin Wilhelmine und die Kunst am Bayreuther Hofe. *Hohenzollern Jahrbuch*, 1902.

Beiträge zur Geschichte der Universität Erlangen. Erlangen und Leipzig. A. Deichert'sche Verlagsbuchhandlung Nachf. (Georg Böhme). 1901.

FRÉDÉRIC II : Correspondance avec la Margrave de Bayreuth. (Frédéric le Grand : Œuvres complètes. Berlin, Rodolphe Decker, 1846-1856.)

GEYER (C.) : Sans-Pareil, ein vergessener Lustort aus der Markgrafenzeit. Bayreuth, Lorenz Ellwanger, 1901.

HEINRITZ(J. G.) : Versuch einer Geschichte der K. B. Kreis-Haupt-Stadt Bayreuth. Bayreuth, 1823, deux parties.

Die Lebens und Regierungs Jahre des Markgrafen Friedrich. (Archiv für Geschichte und Alterthumskunde des Ober-Main-Kreises. Bayreuth. Im Verlag der Grau'schen Buchhandlung. Zweiter Band; zweites und drittes Heft.)

Neue Beiträge zur Geschichte der Kreishauptstadt Bayreuth. Bayreuth, 1839.

HERRMANN (F.) : Markgrafen-Büchlein oder Kurz Zusammengefasste Geschichte der Markgrafen Ansbachs und Bayreuths und ihrer Vorfahren der Burggrafen von Nürnberg. Bayreuth, E. Mühl, 1902.

HOCH-Fürstlich-Brandenburg Culmbachischer Address-und-Schreib Kalender. (Années 1747 à 1763.) Bayreuth zu finden in der Buchhandlung des Waysenhauses und in Erlangen bey dem Autore.

HOFMANN (F. H.) : Die Kunst am Hofe der Markgrafen von Brandenburg. Fränkische Linie. Strassburg, Heitz & Mündel, 1901.

Bayreuth und seine Kunstdenkmale München. Druck und verlag der vereinigten Kunstanstalten A.-G. Vorm. Jos. Albert, Kunstverlag, 1902.

HOLLE (J. W.) : Geschichte der Stadt Bayreuth von den ältesten Zeiten bis 1792. 2 Auflage durchgesehen und bis zum Jahre 1900 fort geführt. Bayreuth, 1901, Verlag von B. Seligsberg's Antiquariatsbuchhandlung.

HORN (G.): Voltaire und die Markgräfin von Bayreuth. Berlin, 1865, Verlag der K. geheimen ober. Hofbuchdruckerei.

MANGOLD (W.) : Voltairiana inedita. Berlin, Wiegandt und Grieben, 1901.

SCHÖNHAAR (W. F.) : Ausführliche Beschreibung des zu Bayreuth im September 1748 vorgegangenen Hoch-Fürstlichen

Beylagers Carls, Herzogs zu Württemberg und Fürstin Elisabethæ-Fridericæ-Sophiæ. Gedruckt in der Jenischen Buchdruckerey, 1749.

CHAPITRE III

ANSBACH (Margravine of) : Memoirs of the Margravine of Ansbach formerly Lady Craven written bey herself. London, 1825. 2 vol.

Traduction française par J.-T. Parisot. Paris, Arthur Bertrand, 1826. 2 vol. (Nous citons d'après cette traduction.)

ANSBACH : Nouveau théâtre de Société d'Anspac et de Triesdorf. A Anspac, Messerer, Imprimeur de la Cour et de la Chancellerie, 1789. 2 vol.

GONCOURT (Ed. de) : Mademoiselle Clairon d'après ses correspondances et les rapports de police du temps. Paris, Charpentier, 1890.

HERRMANN (F.) : Markgrafen Büchlein oder kurz Zusammengefasste Geschichte der Markgrafen Ansbachs und Bayreuths und ihrer Vorfahren der Burggrafen von Nürnberg. Bayreuth, E. Mühl, 1902.

HOFMANN (F. H.) : Die Kunst am Hofe der Markgrafen von Brandenburg. Fränkische Linie. Strassburg, Heitz und Mündel, 1901.

LESSING (O.) : Schloss Ansbach. Barock und Rokoko Dekorationen aus dem XVIII Jahrhundert. Berlin, W. Schultz-Engelhard.

MEYER (J.) : Beiträge zur Geschichte der Anspacher und Bayreuther Lande. Ansbach, 1885.

Erinnerungen an die Hohenzollern in Franken. Ansbach, 1890.

INDEX ALPHABÉTIQUE

INDEX ALPHABÉTIQUE

A

Abdoul, *com.*, 61, 66.
Achille, *trag.*, 36.
Ahlefeld (Comtesse d'), 60, 62, 64, 65, 66, 67.
Alceste, *op.*, 22.
Alexandre aux Indes, *op.*, 24.
Allain, 95.
Altenstein (M. d'), 61, 62.
Alzire, *trag.*, 95.
Amans réunis (Les), *com.*, 94.
Amélie (Princesse de Prusse), 5, 7, 8, 9, 10, 12, 13, 74, 75.
Amphitryon, *com.*, 95.
Ancourt (d'), Voyez Dancourt.
Andromaque, *trag.*, 95.
Ankermann (J.-G.-L.), 32, 33, 34, 36, 37, 38, 40, 41, 42, 44, 45, 46, 47, 48, 50, 51.
Annette et Lubin, *op. com*, 13.
Ansbach, 56, 57, 58, 59, 60, 67, 103, 104.
Ansbach (Charles-Guillaume, Margrave d'), 57.
Ansbach (Christian-Frédéric-Charles-Alexandre, Margrave d'), 56, 57, 58, 59, 60, 67, 103, 104.
Ansbach (Frédérique-Caroline, Margrave d'), 67.
Ansbach (Frédérique-Louise, Margrave d'), 103.
Anseaume, 84.
Arensdorf (M. d'), 74, 75.
Arlequin Hulla, *com.*, 95.
Armand, 99.
Arnheim (M. d'), 8.
Asimont (E.), 60, 61, 62, 63, 64, 65, 66, 67.
Asimont (S.), 44, 45, 46, 47, 49, 50.
Athalie, *trag.*, 24, 95.
Atis, *op.*, 21, 23, 24, 84.
Auguste-Ferdinand, Voyez Ferdinand.
Auguste - Guillaume (Prince de Prusse), 73.
Aurore (Mlle), 18, 21, 22, 23, 24, 82.
Ausin (J.-L. d'), 32, 33, 35, 36, 37, 39, 40, 41, 43, 44, 45, 46, 47, 49, 50.

B

Baberon, 48, 49, 50, 54.
Bach (J.-S.), 11.
Bajazet, *trag.*, 23.
Balbi (R. Mlle), 33, 34, 35, 37, 38, 39, 41, 42, 43, 44, 45, 47, 48, 49, 50.
Bamberg, 30.
Bareith, voyez Bayreuth.
Baron (abbé), 84.
Baron (M.), 95.
Bassompierre, 84.
Bauereisz, 37.
Bayreuth, 28, 30, 51, 52, 53, 54, 67, 93, 94, 100, 101.
Bayreuth (Frédéric, Margrave de), 28, 53, 54, 55, 93, 94, 97, 98.
Bayreuth (George-Frédéric-Charles, Margrave de), 94.
Bayreuth (Frédérique-Sophie-Wilhelmine, Margrave de), 3, 29, 30, 51, 53, 72, 93, 94, 95, 96, 97, 100, 101, 135.
Beaumarchais, 90.
Beaumont, 48, 49.
Beaumont (Mme), 48, 49.
Beaunoir (A.-L.-B.), 83.
Beaunoir (Mme de), 64, 104.
Behrends, 90.
Benda, 74.
Berkeley (Mlle), 66.
Berlin, 1, 2, 3, 17, 18, 27, 31, 77, 96, 97.
Berteas (Mme), 26, 87.
Beson (M.), 38, 40, 41, 42, 44, 45, 46, 47.
Bigatty, 35, 37, 38, 39, 41, 42, 43, 44, 45, 47, 48, 49, 50.
Bigatty (Mme), 35, 37, 38, 39, 41, 42, 43, 44, 46, 47, 48, 49, 51.
Bigatty (Mlle M.), 35, 37, 38, 39, 41, 42, 43, 44, 46, 47, 48, 49, 50.
Bilguer, 77, 109.

Bilguer (Mme), 14.
Blache, 34, 35, 37, 38.
Blainville, 1, 15, 81.
Blondeval, 31, 32, 34, 35, 36, 38, 39, 40, 51, 97.
Blondeval (Mme), 38, 39, 41.
Boden (M. de) *aîné*, 12, 74, 75.
Boden (M. de) *cadet*, 10, 75.
Boissy, 95.
Bossuet, 30.
Boufflers (M. de), 25, 84, 85.
Bouillé (L.-J.), 6, 72, 73, 78, 133.
Bouquet (Le), *op. com.*, 79, 107, 111.
Bouquet pris et repris (Le), *bal.*, 16.
Bourdet, 13, 109.
Bourgeois gentilhomme (Le), *com.*, 26, 95.
Boursault (E.), 95.
Boyer, 33.
Bredow (Comtesse de), 6, 8, 10, 13.
Breest (E.), 72.
Breslau, 73, 84.
Britannicus, *trag.*, 95.
Broquin, 50, 53, 98.
Brueys, 100.
Brühl (Comte de), 26, 91.
Brumore (Mme), 13, 77.
Brunneval, 48, 49, 50, 54.
Brunneval (Mme), 48, 49, 50, 54.
Brunswick (Charles-Guillaume-Ferdinand de), 74, 80.
Bulow, 72, 133.
Burell (Miss), 93, 100, 135.
Buttos, 26, 88.
Buttos (Mme), 26, 87.

C

Calais *père*, 26, 88.
Calais *fils*, 26, 88.
Camargo (Mlle), 32, 33, 34, 53, 100.
Campistron, 95.

Caplan, 34, 35, 37, 38, 39, 40, 41, 42, 43, 44, 46, 47, 51.
Carbonnel (Mme), 50.
Carlowitz (Mlle de), 65.
Cassel, 81, 83, 89.
Castor et Pollux, op., 84.
Catherine II, 16.
Chanfleur, 43, 44, 45, 46.
Charles VII (Empereur), 30.
Charlottenburg, 30.
Chaulieu, 30.
Chénier (M.-J.), 90.
Chevalier à la mode (Le), com., 19, 24, 84.
Cibber (C.), 104.
Cid (Le), trag., 95.
Clairon (Mlle), 23, 57, 58, 59, 60, 103, 104.
Clairville, 48
Clavareau, 31.
Clément XIV, 56.
Clermont (Comte de), 7.
Cochois (Mlle B.), 1.
Collé (C.), 7, 52, 60, 61, 74, 97.
Comte d'Essex (Le), trag., 23, 95.
Comtesse d'Orgueil (La), com., 95.
Coquette fixée (La), com., 94.
Corbie, 7.
Cords, 26, 89, 90, 91.
Corneille (P.), 1, 23, 95.
Corneille (T.), 95.
Cossiang (A.-J.), 51.
Costa, 48, 49.
Craven (Lord), 58.
Craven (Lady), 56, 58, 59, 60, 61, 62, 63, 64, 65, 66, 67, 103, 104, 137.
Craven (Keppel), 60, 61, 62, 63, 65, 66, 67.
Crébillon, 95.
Creilsheim (Baron de), 67.
Crispin médecin, com., 95.
Crispin rival de son maître, com., 21, 54, 95, 101.

Croisette, 54.
Croisette (Mme), 54.
Crousaz (M. de), 61, 65, 66.
Curiony, 35, 37, 38, 39, 41.
Curiony (Mme), 35, 37, 38, 39, 41.

D

Dader, 31, 32, 34.
Dainville, 18, 82, 83, 88.
Dancourt (Florent Carton), 100.
Dancourt (L. Heurtaux), 36, 38, 53, 84, 98.
Dangriesz (M. de), 63.
Déguisement (Le), com., 61, 65, 104.
Delille, 18, 26, 83, 88.
Delille, cadet, 26, 88.
Delisle, 95.
Démocrite, com., 54, 94, 95, 100.
Denis (Mme), 73, 97.
Descartes, 90.
Déserteur (Le), op. com., 16.
Desfraines, 31, 33, 34, 35.
Desfraines (Mme), 33, 34.
Destouches, 21, 84, 90, 95.
Dette des muses (La), bal., 78.
Deux amis (Les), dr., 26, 90.
Deux amis (Les), com., 98, 99.
Diderot, 77, 97.
Discorde terrassée par la Victoire (La), prologue, 78.
Dieskau (M. de), 61.
Dissipateur (Le), com., 95.
Distrait (Le), com., 95.
Dominique, 95.
Double inconstance (La), com., 95.
Dresde, 2, 51.
Drinzler (J.-M.), 33.
Drouin (N.), 54.
Drouin, 43, 44, 45, 46, 54.
Drouin (Mme), 43, 44, 45, 46, 54.
Dufligny (Mlle), 66.
Dumesnil (Mlle), 23.

Duni, 90.
Dupuis, 18.

E

Ecole des femmes (L'), com., 95.
Ecole des maris (L'), com., 26, 95.
Edmé, 66.
Ehrenreich (Mme), 89.
Eichler d'Auritz (Ch., Baron), 62, 64, 65.
Eichler d'Auritz (Guillaume), 61, 64, 67.
Eichler d'Auritz (Mlle Charlotte), 63.
Eichler d'Auritz (Mlle Frédérique), 62, 65.
Eichler d'Auritz (Mlle Thérèse), 63.
Enfant prodigue (L'), com., 95.
Epreuve réciproque (L'), com., 95.
Erlangen, 96.
Ermitage (Château de l'), 29, 54, 100.
Esope à la Cour, com., 95.
Espoir de Minerve (L') divertissement, 25, 79.

F

Fagan, 7, 74.
Falkenhausen (M. de), 67.
Famille extravagante (La), com., 95.
Fanfan et Colas, com., 60, 64.
Favart, 13.
Femme juge et partie (La), com., 95.
Fénelon, dr., 26, 90.
Fenouillot de Falbaire, 90.
Ferdinand (Prince de Prusse), 6, 14, 26, 73, 74, 78, 79, 80, 90, 91, 92.

Fester (R.), 94, 97, 135.
Festin de Pierre (Le), com., 19.
Fête de l'Amour (La), prologue, 79
Fétis, 78.
Fierville, 13, 31, 32, 34, 35, 36, 38, 39, 40, 42, 43, 44, 46, 53, 99.
Fierville (Mme), 38, 39, 40, 42, 43, 44, 45, 46.
Fiorentini (Mme), 43, 44, 45, 46, 47.
Fiorina (Mlle), 33, 34, 35, 37, 38, 39.
Fitz-Gerald (M. de), 60, 61, 64, 65.
Fleury, 31, 32, 34, 35, 36, 38, 39, 40, 42, 43, 44, 45, 46, 53.
Fleury (Mme), 31, 32, 34, 35, 36, 38, 39, 40, 42, 43, 44, 45, 46, 51, 52.
Fleury (Mlle), 16, 81.
Fleuve d'oubli (Le), com., 95.
Folie (La), op. com., 60, 66.
Folies amoureuses (Les), com., 95.
Folie du jour (La), com., 104.
Foulque, 34.
Fournier, 48, 49.
Francfort, 30.
Francheville (Dufresne de), 73.
Francheville (Abbé de), 6, 8, 73, 74.
François à Londres (Le), com., 95.
Frank, 89.
Frédéric II, Roi de Prusse, 2, 3, 5, 16, 29, 53, 56, 71, 72, 73, 77, 93, 100, 103, 134, 135.
Frédéric-Guillaume I, Roi de Prusse, 1, 72, 74, 86.
Frédéric-Guillaume II, Roi de Prusse, 19, 24.
Frédéric-Guillaume III, Roi de Prusse, 27, 82, 92.
Frensdorff (E.), 80.
Fréron, 98.
Freudenberg (M. de), 61, 62, 63, 64, 65, 66, 67.

INDEX ALPHABÉTIQUE

Freyberg, 6, 14, 17, 78, 127.
Friedrichsfelds, 80.
Froment (Mme), 31, 32, 34, 51, 52.
Funck-Brentano (F.), 100
Funérailles de la Foire (Les), op. com., 97.
Fusch, 11.

G

Gagliari, 15, 80.
Galant Coureur (Le), com., 95.
Galli-Biebiena, 54.
Garnier, 31, 32, 33, 34, 35, 51, 97.
Garnier (Mme), 43, 44, 45, 46.
Garnier mère, 31.
Garnier fille, 31.
Gatelois (Mme), 48, 49, 51.
Gemingen (Charles, baron de), 63.
Gemingen (Mme de), 63, 67.
Genève, 29
Geoffroy, 84.
Geoffroy (Mme), 84.
George Dandin, com., 95.
Gerhard, 31.
Geyer (C.), 100, 135.
Gherardy, 31, 33, 34.
Gherardy (Mme), 33.
Glaser, 33, 34, 36, 37, 38, 40, 41, 42, 43, 45, 46, 47, 48, 50, 51.
Glogau, 74.
Glorieux (Le), com., 19, 95.
Gluck, 22, 77.
Gobert, 75.
Gobert fils, 75.
Goncourt (Ed. de), 103, 104, 137.
Gontard, 31, 33, 34.
Gottgetreu, 72, 134.
Gout (P.), 34, 36.
Gouvernante (La), com., 54, 101.
Graun, 11, 75.
Grenier (Mlle), 15.
Gresset, 98.

Grétry, 24, 84.
Grimm, 84, 85.
Grondeur (Le), com., 54, 95, 100.
Grunthal (M. de), 91.
Gustave II ou Gustave-Adolphe, Roi de Suède, 73.
Gustave III, Roi de Suède, 81.
Gustave Vasa, trag., 95.
Guyton de Morveau, 72, 77, 81, 134.

H

Haendel, 11.
Hagen, 36, 37, 38, 40, 41, 42, 43, 45, 46, 47, 48, 50, 51.
Hamilton (A.), 72, 134.
Hamon, 82.
Hanovre (Sophie-Dorothée de), 1.
Hasse, 11.
Hauchecorne (D.), 31, 32, 33, 35, 36, 37, 39, 40, 41, 43.
Hauteroche, 95.
Haydn, 75.
Heinritz (J.-G.), 54, 94, 96, 98, 100, 101, 136.
Henry (Prince de Prusse), 1, 2, 3, 5, 6, 7, 8, 10, 12, 13, 14, 15, 16, 17, 18, 24, 25, 26, 27, 54, 71, 72, 73, 74, 75, 76, 77, 78, 79, 80, 81, 82, 83, 84, 85, 86, 89, 90, 91, 92, 107, 128, 129, 134.
Hercourt (d'), 49, 54.
Hérode, 95.
Herrmann (F.), 94, 100, 101, 103, 104, 136, 137.
Hesse-Cassel (Wilhelmine de), 3, 5, 8.
Hesse-Darmstadt (Caroline, Landgrave de), 3, 5.
Heureuse convalescence (L'), prologue, 79.
Heureuse journée (L'), prologue, 79.

Heureux Village de Schlagentin (L'), *prologue*, 79.
Hoch, 135.
Hofmann (F.-H.), 94, 100, 136, 137.
Hoffmann (M.), 10, 13.
Hohenfriedberg, 2.
Holle (J.-W), 94, 101, 136.
Homme à bonnes fortunes (L'), *com.*, 95.
Honnête criminel (L'), *com.*, 26, 90.
Horn (G.), 136.
Hortzyski (F.), 13, 18, 20, 21, 24, 81.
Hortzyski (Mme), 26, 77, 88.
Hubertsburg, 3.
Hyacinthe (Mme), 32, 33.

I

Ile des Esclaves (L'), *com.*, 95.
Image chérie d'un Héros (L'), *com.*, 80.
Impromptu de Belle-Vue (L'), *com.*, 80.
Inès de Castro, *trag.*, 95.
Iphigénie, *trag.*, 53, 95.

J

Jaillot, 26, 88.
Jaloux désabusé (Le), *com.*, 95.
James, 77.
Janne, 26, 88.
Janne (Mlle), 26, 87.
Jardinier et son Seigneur (Le), *op. com.*, 22.
Jassinthe, 31, 33, 34, 35, 37, 38, 39, 41.
Jassinthe (Mme), 32, 33, 34, 35, 37, 38, 39, 41.
Jaucourt (Mme de), 1.

Jérôme pointu, *com.*, 21, 83.
Jeschke (J.), 32, 33.
Jeu de l'Amour et du Hazard (Le), *com.*, 54, 101.
Joueur (Le), *com.*, 23, 24, 94.
Jugement de Midas (Le), *op. com.*, 21, 83.

K

Kalkbrenner (Ch.), 78.
Kalkreuth (M. de), 6, 8, 12.
Kaphensk (M. de), 6, 8, 75, 81.
Keyslerin (Mlle Th.), 33.
Kind impostor (The), *com.*, 104.
Kirnberger, 11, 75.
Kneselbeck (M. de), 75.
König, 101.
Krafftmeyern (Mlle L.), 37, 38.
Krauel (R.), 72, 81, 134.

L

La Borde (M. de), 33, 34, 36.
La Calprenède, 30.
La Chaussée (Nivelle de), 101.
La Fare, 30.
La Fontaine, 98.
La Fosse, 101.
La Grange-Chancelle, 30, 96.
La Motte, 95, 96.
La Noue (Sauvé de), 101.
La Place, 75.
La Plante (Mme), 32, 34, 35.
Larive, 104.
La Vallière (Mlle de), 29.
La Vallière (Duc de), 7.
Le Bauld de Nans, 80.
Le Bauld de Nans *fils*, 18, 81.
Le Brun (Mlle), 31, 32, 34, 35, 36, 38, 39, 40, 42, 51.
Légat juré (Le), *com.*, 54, 101.

INDEX ALPHABÉTIQUE

Légataire universel (Le), *com.*, 95.
Legrand, 95.
Lehmann (G.-G.), 8, 13, 75.
Lekain, 16, 23, 53.
Lemazurier, 98.
Le Moyne, 54.
Le Moyne (Mme), 48, 49. 50, 54.
Le Neveu, 48, 49, 50.
Le Neveu (Mme), 48, 49, 50.
Le Noble, 31.
Léonard, 33, 34, 36, 37, 38, 40, 41, 42, 44, 45, 46, 47, 48, 50, 56.
Le Sage (Alain-René), 52, 95, 101.
Le Sage (de Montmény), 52.
Le Sage (Pittenec), 32, 34, 35, 36, 38, 39, 40, 52, 53, 97.
Le Sage (Mme), 32, 34, 35, 36, 38. 39, 40.
Le Sage *nièce*, 35, 36.
Lessing (O.), 103, 137.
Liboron, 92.
Liboron (Mme), 26, 87, 89.
Lichtenau (Comtesse), 27.
Limmer (J.), 32.
Lisbonne, 67.
Lochety (Mme), 34.
Loinville, 36, 38, 39, 40, 43, 44, 45, 46.
Longchamp, 98.
Losch (M. de), 74, 75.
Louis XIV, 29.
Lulie (Mme), 50.
Lulli, 84.
Lyon, 94.

M

Mahomet, *trag.*, 14, 94.
Mahomet II, *trag.*, 54, 101.
Maisoncelle (Mme), 31, 32.
Malter (Mme), 46, 47.
Mangold (W.), 96, 136.

Mannheim, 31, 100.
Mara, 8, 13, 109.
Marchand de Smyrne (Le), *op.*, 73.
Mardefeld (Guil. de), 63.
Mardefeld (Mme de), 63, 64.
Marivaux, 95, 101.
Marly, 29.
Marmontel, 84.
Marschall (Mme de), 74.
Marseille, 94.
Mathéon, 11.
Mathis (J.-G.), 8, 74.
Maximien, *trag.*, 54, 101.
Mécourt (F.), 38, 39, 41, 42.
Mécourt (J.), 37.
Médecin malgré lui (Le), *com.*, 95.
Ménechmes (Les), *com.*, 24, 95.
Menteur (Le), *com.*, 95.
Mentzel, 96.
Mercier, 60, 61, 104.
Mercier (S.), 104.
Mercure galant (Le), *com.*, 14, 95.
Mérope, *trag.*, 23.
Merval, 31, 32, 34, 35, 36, 38, 39, 40, 42, 43, 44, 45, 46, 48, 49, 51, 97.
Merval (Mme), 35, 36, 38, 39, 40, 42, 43, 44, 45, 46.
Métromanie (La), *com.*, 24.
Meyer (J.), 103, 137.
Miniature (La), *com.*, 104.
Misanthrope (Le), *com.*, 24, 95.
Mithridate, *trag.*, 52.
Molière, 1, 15, 21, 24, 95.
Momus, *prologue*, 79.
Moncrif, 7, 74.
Monrose, 18.
Monrose (Mme), 26, 87, 89.
Monsigny, 16.
Montespan (Mme de), 29.
Montfleury, 95.
Montivilliers, 13.

Montpellier, 30.
Montperny (Marquis de), 31, 32, 33, 35, 36, 37, 39, 40, 51, 96, 97.
Morienne (Mlle de), 6, 8, 10, 12, 13.
Mort du Corbeau (La), *parade*, 6, 74.
Mort du Messie (La), 75.
Morveau, voyez Guyton de Morveau.
Müller (J.), 48, 50, 51.
Mund (Mlle), 13.
Munich, 30.

N

Neveu, 54.
Neveu (Mme), 54.
Niclas, 91.
Nina et Lindor, *op. com.*, 26, 90.
Nourjad, *com.*, 61, 62, 104.
Nourjad et Fatmé, *bal.*, 63.
Nürnberg, 30.

O

Obstacle imprévu (L'), *com.*, 24, 84.
Ocquerre (Mme d'), 18, 22, 23, 24.
Œdipe, *trag.*, 81, 95.
Œdipe à Colone, *op.*, 21.
Oracle (L'), *com.*, 95.
Oreste et Pylade, *trag.*, 30, 96.
Orléans (Ph., Duc de), 7.
Orneval (d'), 97.
Orphelin de la Chine (L'), *trag.*, 14.
Ossent, 13, 71, 81, 109, 134.
Oudry, 104.

P

Palaprat, 95, 100.
Parih, 89.

Paris, 52, 53, 57, 84.
Partie de chasse d'Henri IV (La), *com.*, 60, 61.
Pascal, 30.
Paul (Grand-Duc de Russie), 16.
Paulisch (Mme), 26, 88.
Perin (Mme), 50.
Pérou, 26, 88.
Pertaride et Roselinde, *op.*, 79, 81.
Péruviens (Les), *op.*, 73.
Petit (Mme), 33, 34.
Petit (du), 33, 34, 35, 37, 38, 39, 41, 42, 43, 44, 46, 47, 48, 49, 51.
Petit (Mme du), 38, 39, 41, 42, 43, 44, 46, 47, 48, 49, 51.
Phèdre, *trag.*, 22, 23, 24.
Philidor, 84.
Philosophe marié (Le), *com.*, 95.
Piccini, 22, 77, 84.
Piron (A.), 7, 74, 95.
Plaideurs (Les), *com.*, 14.
Planchenault (Mlle), 43, 44, 45, 46, 48, 49.
Platen (Comte de), 63, 65, 66, 67.
Platen (Comtesse de), 62, 64, 65.
Plaute, 15.
Podewill (M. de), 74.
Pœllnitz (M. de), 63.
Polixène, *trag.*, 54, 100, 101.
Possin (K.), 78.
Potsdam, 2, 5, 27.
Pré (du), 37, 38, 39, 41, 42, 43, 44, 45, 47.
Pré (Mme du), 41, 42, 43, 44, 46, 47.
Préjugé à la mode (Le), *com.*, 54, 101.
Preuss (J. D. E.), 72.
Préville, 53, 99.
Prin, 33.
Prince lutin (Le), *com*, 104.
Projet (Le), *com.*, 80.
Prologue sans prologue (Le), 79.
Psyché, *trag. lyrique*, 14, 80.
Purschka, 32, 33, 34.

Q

Quantz, 75.
Quinault (P.), 84.

R

Racine (J.), 1, 15, 23, 24, 95, 96.
Rameau, 84.
Ramler, 75.
Raymond, 32, 33.
Raymond (Mme), 31, 32.
Reckert (K. K.), 71, 81, 134.
Réclam, 8, 9, 10, 75.
Recruteurs (Les), com. lyrique, 78.
Regnard (J.-F.), 21, 95, 100, 101.
Reisewitz (Baron de), 74.
Repentir des vœux (Le), bal., 64.
Retour du Prince Henry à Rheinsberg (Le), prologue, 81, 134.
Réveil d'Épiménide (Le), prologue, 14.
Rhadamiste et Zénobie, trag., 95.
Rhéa Sylvia, op., 10.
Rheinsberg, 1, 3, 5, 6, 7, 8, 10, 12, 13, 14, 15, 16, 17, 18, 24, 25, 26, 27, 73, 74, 75, 76, 77, 78, 79, 80, 81, 82, 84, 85, 86, 89, 107, 109.
Richard Cœur de Lion (Le), op. com., 24.
Richelet, 90.
Richer de Louvain, 13, 109.
Riedel (E.), 72, 135.
Riegel (Mlle), 26, 88.
Rodogune, trag., 95.
Rœder (M. de), 61.
Romagnesi, 95.
Romani, 8.
Romolino, 46, 47, 48, 49, 51.
Rosembert, 80.
Roslin (Al.), 97.

Roslin (An.), 97.
Rossi, 46, 47, 48, 49, 51.
Röthern (Mlle), 35, 37, 38, 39, 41, 42, 43, 44, 46, 47.
Rousseau (J.-J.), 3, 4, 98.
Rusler (C.) aîné, 37, 38, 39, 41, 42, 43, 44, 46, 47, 48, 49, 51.
Rusler (C.) cadet, 46, 47, 48, 49, 51.

S

Sabran (Comtesse de), 25, 26, 84.
Sabran (Comte E. de), 25, 26, 84, 86.
Sacchini, 22, 77.
Sainte-Beuve, 72.
Saint-Foix, 95.
Saint-Germain, 58.
Saint-Huberty, 15.
Saint-Surin, 12.
Sainte-Treuze (Mlle), 1.
Salomon (J.-P.), 8, 13, 75, 78, 109.
Samson, 16.
Sarrauton (M. de), 80.
Saxe-Cobourg (Frédérique-Caroline de), 57, 59.
Scharge, 89.
Schilling (Baronne Caroline de), 62, 63, 64, 65, 67.
Schilling (Baronne Charlotte de), 64, 67.
Schirnding (M. de), 63, 65, 67.
Schleming (Mlle), 75.
Schœnfeld (M. de), 66.
Schönhaar (W. F.), 93, 101, 136.
Schulemburg (M. de), 74, 75.
Schulteis (J.), 42.
Schulz (A. P.), 24, 77, 78.
Schumann (F.), 33, 34, 35, 37, 38, 39, 41, 43, 45, 47, 48, 49, 50.
Schwaberin (Mlle) aînée, 48, 49, 51.
Schwaberin (Mlle) cadette, 48, 49, 51.

Schwaningen, 67.
Schwedt (Princesse Philippine de), 80.
Schwerin (M. de), 8, 12.
Schwetzingen, 27.
Scudery (Mlle), 30.
Sedaine, 16, 24, 84.
Seckendorf (M. de), 63.
Sémiramis, *trag.*, 8, 13, 30, 54, 81, 101.
Sénac de Meilhan, 84.
Senry (Mlle), 56.
Sérénade (La), *com.*, 54, 101.
Setten (M. de), 67.
She wou'd and she wou'd not, *com.*, 104.
Spandau, 2.
Strassburg, 94.
Stubenrauch (M. de), 90.
Stuttgart, 53.
Suin, 18, 19, 20, 21, 23, 24, 81.
Suin (Mme), 18, 19, 20, 21, 22, 23, 24, 81.
Surprise de l'amour (La), *com.*, 95.

T

Tableau parlant (Le), *com.*, 24.
Tambour nocturne (Le), *com.*, 26.
Tancrède, *trag.*, 14, 23.
Tarone, 32.
Tartuffe, *com.*, 95.
Teissier (Mme), 34, 35.
Tellemann, 11.
Temple de l'Amitié (Le), *prologue*, 79.
Térence, 15.
Teschel, 17.
Thiebault (Dieudonné), 72, 73, 74, 80, 135.
Thierry, 95.
Thimon le Misanthrope, *com.*, 95.

Thomas, 32, 33, 34, 36, 47, 38, 40, 41, 42, 43, 45, 46, 47, 48, 50, 51.
Titus, *op.*, 73.
Torcy, 42, 43, 44.
Tourelle (Mme), 26, 87.
Toussaint (F.V.), 77.
Toussaint *fils*, 19, 20, 21, 22, 23, 24, 26, 77, 83, 89.
Toussaint (Mme), 13.
Toussaint (Mlle), 16.
Troussel (Mme du), 80.
Turcaret, *com.*, 52.

U

Ulrique (Reine de Suède), 14, 80, 81.
Uriot (J.), 31, 32, 34, 35, 36, 38, 39, 40, 42, 43, 44, 45, 46, 53, 54.
Uriot (Mme), 36, 38, 39, 40, 42, 43, 44, 45, 46, 54.
Utrecht, 57.
Uz (P.), 57.

V

Vacances (Les), *com.*, 54, 100.
Valdus (Mme), 26, 87.
Valville, 45, 46.
Vanouc, 51.
Vanouc (Mme), 43, 48, 49, 50.
Veillée des réfugiés françois à Rheinsberg (La), *op. com.*, 25, 79.
Venise sauvée, *trag.*, 12.
Vérona, 24.
Versailles, 28.
Victoire du 29 octobre (La), *prologue*, 78.
Vie est un songe (La), *com.*, 78, 95.
Villeneuve, 48, 49, 50, 54.
Villeneuve (Mme), 48, 49.
Vœux (Les), *prologue*, 79.

Vœux accomplis (Les), *prologue*, 80.
Voisenon (Abbé de), 94.
Voiture, 30.
Voltaire, 5, 8, 23, 29, 30, 53, 58, 73, 94, 95, 96, 101.
Voss (Comtesse de), 3.

W

Wagnière, 98.
Waldenfels (M. de), 63.
Wander (Mme), 89.
Weitershausen (M. de), 61, 63.
Wessely, 78.

Winterfeld (M. de), 74, 75.
Wœlwarth (Baron Louis de), 61, 62, 63.
Wreich (Mlle C. de), 6, 13.
Würtemberg (Charles-Eugène, Duc de), 30, 53.
Würtemberg (Élisabeth-Frédérique, Duchesse de), 30, 55, 54.
Würtemberg (Sophie de), 16.

Z

Zaïre, *trag.*, 5, 30, 81, 96.
Zarger, 89.
Zidmar (M. de), 90.

TABLES

TABLE DES MATIÈRES

                                                            Pages.

AVANT-PROPOS. XI

CHAPITRE I

La Comédie française à la Cour du Prince Frédéric-Henri-Louis de Prusse. 1753-1802.   1

CHAPITRE II

La Comédie française à la Cour du Margrave Frédéric de Bayreuth. 1747-1763.   28

CHAPITRE III

Le Théâtre de Société à la Cour de Christian-Frédéric-Charles-Alexandre, Margrave d'Ansbach.   56

NOTES

Pages.

Chapitre I. 71
Chapitre II. 93
Chapitre III. 103

APPENDICE

Le Bouquet, petit opéra comique pour être exécuté à la fête de Son Altesse Royale Monseigneur le Prince Henri le 12 juillet 1770, sur son Théâtre de Rheinsberg. . 107

BIBLIOGRAPHIE

Chapitre I 133
Chapitre II. 135
Chapitre III. 137

INDEX ALPHABÉTIQUE. . . . 139

TABLE DES GRAVURES

	Pages.
Le Prince Frédéric-Henry-Louis de Prusse d'après Vanloo.	1
Le Théâtre de verdure de Rheinsberg	6
La tombe de Blainville	16
Le Margrave Frédéric de Bayreuth d'après Anton Graff (Château de l'Ermitage).	28
La Margrave Frédérique-Sophie-Wilhelmine, d'après une gravure de l'époque.	30
Blondeval, d'après un pastel du Château de Bayreuth (Neues Schloss).	32
Merval, d'après un pastel du Château de Bayreuth (Neues Schloss).	34
Garnier, d'après un pastel du Château de Bayreuth (Neues Schloss)	36
Mlle Denise Lebrun, d'après un pastel du Château de Bayreuth. (Neues Schloss)	38
Mme Fleury, d'après un pastel du Château de Bayreuth (Neues Schloss).	40

	Pages.
Mme Froment, d'après un pastel du Château de Bayreuth (Neues Schloss).	42
Préville, d'après une estampe appartenant au Historischer Verein für Oberfranken.	54
Le Margrave Christian-Frédéric-Charles-Alexandre d'Ansbach, d'après une gravure de l'époque. . .	56
Lady Craven, Margrave d'Ansbach, et son fils Keppel Craven, d'après Romney.	58

ACHEVÉ D'IMPRIMER
PAR LA SOCIÉTÉ FRANÇAISE D'IMPRIMERIE ET DE LIBRAIRIE
Le XXIX octobre MCMIII

Paris. — Société Française d'Imprimerie et de Librairie

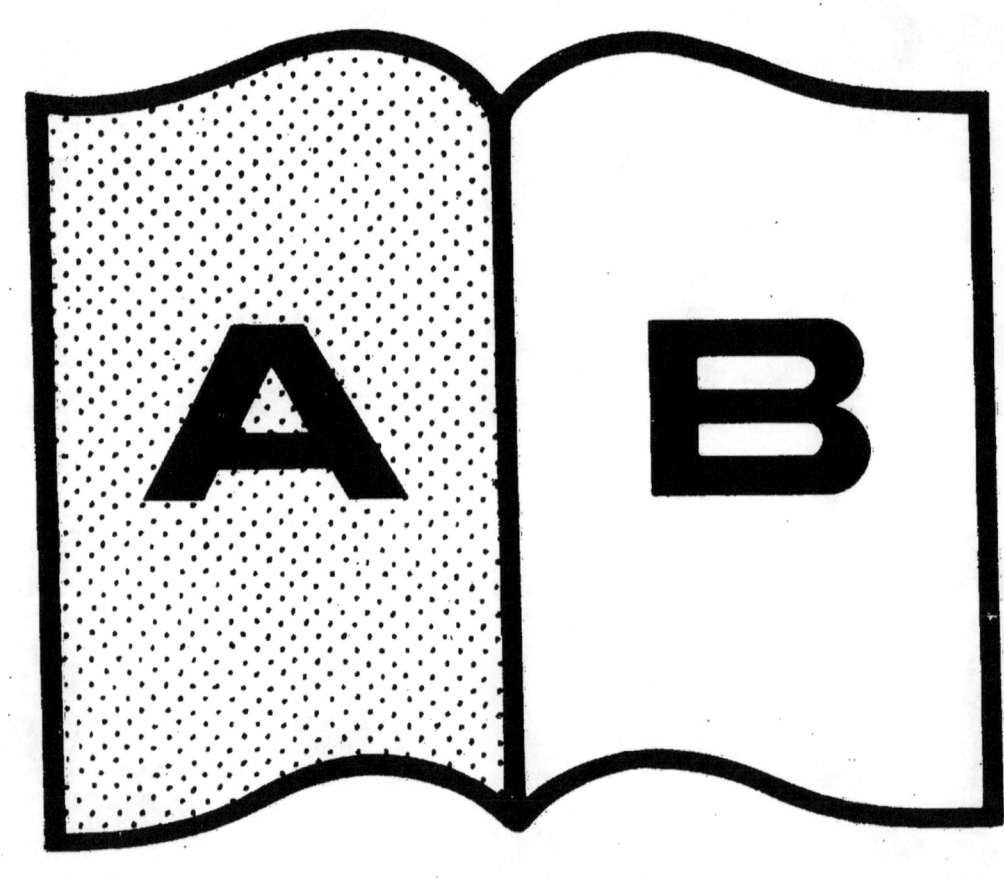

Contraste insuffisant

NF Z 43-120-14

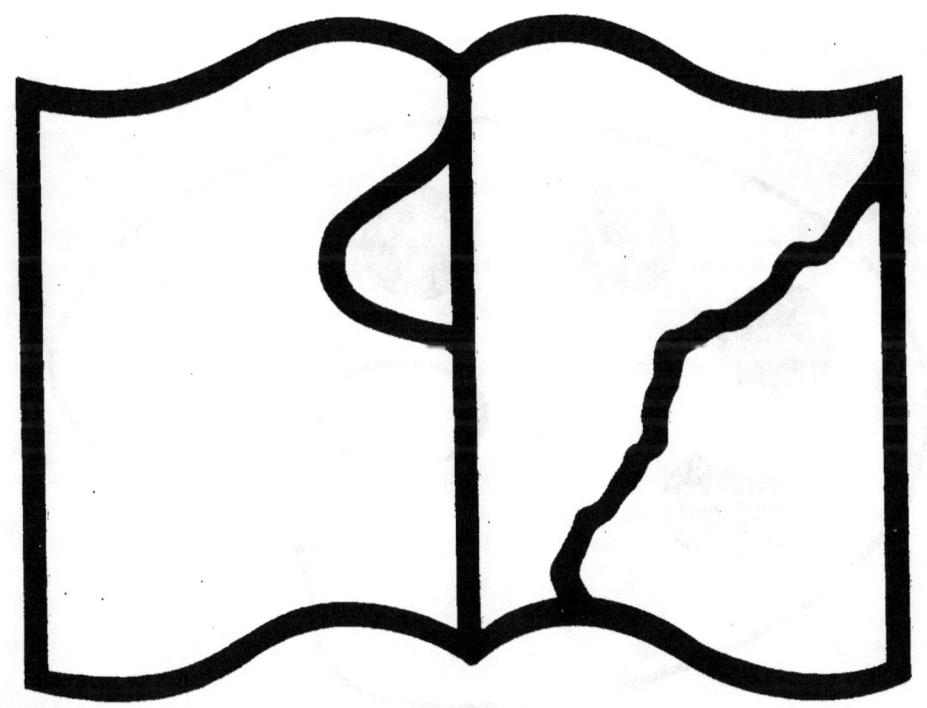

Texte détérioré — reliure défectueuse
NF Z 43-120-11

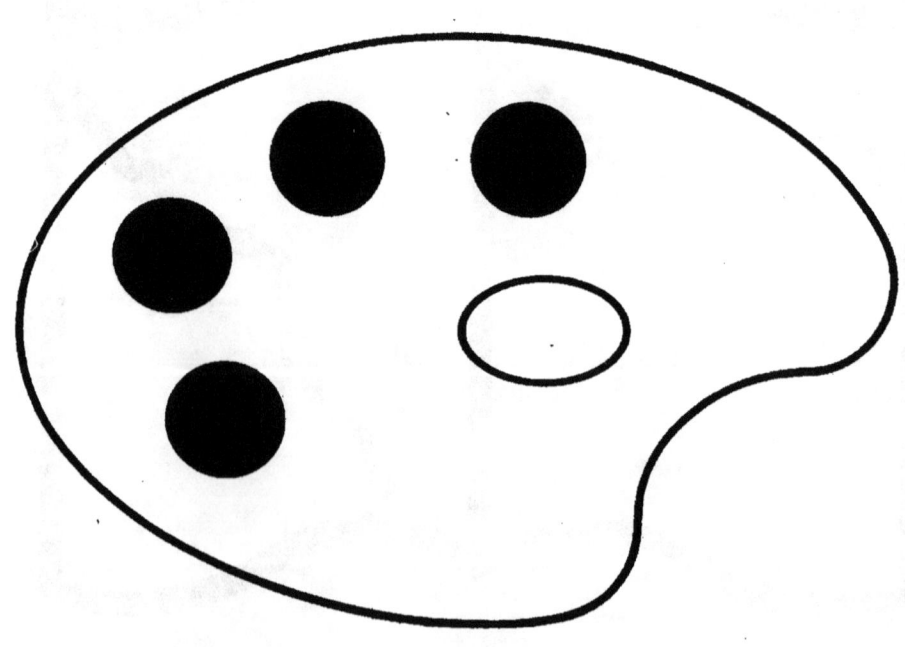

Original en couleur
NF Z 43-120-8

www.ingramcontent.com/pod-product-compliance
Lightning Source LLC
Chambersburg PA
CBHW051904160426
43198CB00012B/1740